Secretos y Misterios del Arca Perdida

Una Aventura Bíblica

James R. Hoffer

TEACH Services, Inc.
P U B L I S H I N G
www.TEACHServices.com • (800) 367-1844

Copyright © 2015 James R. Hoffer
Copyright © 2015 TEACH Services, Inc.
ISBN-13: 978-1-4796-0600-9 (Paperback)
ISBN-13: 978-1-4796-0601-6 (ePub)
ISBN-13: 978-1-4796-0602-3 (Mobi)
Library of Congress Control Number: 2015915174

Todas las citas bíblicas en esta obra, si no son indicadas de otra fuente, son de *La Santa Biblia* (Reina-Valera), revisión de 1960. Copyright © 1960, Sociedades Bíblicas Unidas.

Publicado por

TEACH Services, Inc.
P U B L I S H I N G
www.TEACHServices.com • (800) 367-1844

Dedicación

Dedico con amor este libro a mi querida esposa, Vera—mi fiel compañera por más de cincuenta y cuatro años. Sobreviviente de los campamentos de refugiados de la Europa durante la Segunda Guerra Mundial, y más recién de las invasiones de cáncer, ella permanece una fuente de esfuerzo e inspiración para todos nosotros.

Reconocimientos

Estoy profundamente en deuda a mi antiguo profesor, mentor, y supervisor de trabajo durante los días de mis estudios en el colegio superior, el Dr. Leslie Hardinge. Fue él que inicialmente me inspiró acerca de lo que llamamos el "mensaje del santuario", durante los años muy formativos de mi experiencia educacional en Washington Missionary College, después Columbia Union College, y ahora Washington Adventist University. Me escogió a aquella edad tierna para ser su asistente de pesquisas y compositor de páginas, mientras él preparaba la primera edición de *Shadows of His Sacrifice*, la cual él seguía amplificando a través de su vida, y que hoy se considera una de las obras clásicas sobre el asunto. Hasta hoy, yo atesoro mi copia personal, bien raído, que refleja la época del mimeógrafo, bien como otros de sus libros.

También quiero reconocer al Dr. Edward Heppenstall, uno de mis profesores en el Seminario de Andrews University, quien instiló en mi un gran amor para el libro de Hebreos.

Reconozco las sugerencias y la colaboración de dos valiosos amigos hispanos para esta versión de mi libro, Fernando García y el Dr. Omar Chávez; sin ellos mi "acento gringo" sería muy evidente.

Y no quisiera olvidarme de Jesucristo, mi Señor y Salvador, cuyo ministerio en el santuario celestial ha sido obscurecido por 2.000 años por capa sobre capa de teología errónea, y quien me sostiene cada día por su poder.

Índice

Lecciones del Guía de Estudios

Respuestas para el Guía de Estudios

Introducción

Bienvenido a *Secretos y Misterios del Arca Perdida: Una Aventura Bíblica*. Usted está por embarcar en un viaje fascinante. Mi esperanza es que al "cavar" en la Palabra de Dios, su entendimiento del santuario vaya a profundizarse y crecer como nunca antes.

Muchos libros, estudios bíblicos, y seminarios que se tratan del santuario son muy detallados y casi esotéricos. Felizmente, esta serie es más básica, llegando a ser una plataforma para el estudio de otras y muchas veces descuidadas verdades bíblicas, y guiándole en una caminata más íntima con su Salvador.

El santuario era y es a la vez *drama y profecía*. En los ministerios diarios y anuales de los sacerdotes del Antiguo Testamento, los importantes eventos del plan de salvación de Dios fueron gráficamente demostrados. Los libros de Daniel, Hebreos, y Apocalipsis revelan cómo cada faceta del santuario indica acontecimientos futuros.

El santuario nos enseña acerca del carácter de Dios—su amor, justicia, y santidad; su plan para salvarnos y restaurar su planeta perdido a la integridad; el verdadero costo del pecado; y numerosos otros conceptos importantes.

Alguien que comenta sobre la Biblia escribió: "Estamos viviendo en los postreros días, cuando se aceptan y creen errores del carácter más engañoso, al par que se descarta la verdad. . . . *[Dios] nos llama a trabajar diligentemente para juntar las joyas de verdad y ponerlas en el marco del Evangelio*. Han de resplandecer con toda su divina belleza en las tinieblas morales del mundo" (*Obreros Evangélicos*, p. 306; el énfasis es nuestro).

El estudio del santuario del Antiguo Testamento ha sido en gran parte abandonado. Es nuestra convicción que el mensaje del santuario *es* el evangelio, y provee un marco perfecto para la verdad divina.

Sobretodo, por favor ore por la dirección de Dios a través del Espíritu Santo al estudiar esta serie, porque el estudio de la Biblia es bastante más que un ejercicio académico—es realmente una experiencia que transforma la vida. ¿Está usted listo para empezar?

James R. Hoffer

Nótese bien: Estas lecciones son aptas para estudio individual, clases bíblicas, grupos pequeños, y seminarios públicos. El libro se divide en dos secciones, con las lecciones regulares en la primera parte, y con respuestas en la segunda.

Si desea usar este libro para una clase, los estudiantes necesitan sus propios libros; no se permite fotocopiarlos. Para su conveniencia, ofrecemos descuentos especiales para pedidos mayores de diez ejemplares, y programas de PowerPoint gratis en nuestro website, www. LostArkSeminar.com.

Cualquier versión de la Biblia es aceptable para este curso. Sin embargo, aquí mayormente usamos la versión de las Sociedades Bíblicas Unidas.

Lecciones del Guía de Estudios

Lección 1

La Búsqueda del Arca Perdida

La búsqueda del arca del pacto ha sido por mucho tiempo una fascinación para mucha gente, y, por supuesto, aún fue celebrada en la película *Raiders of the Lost Ark*. Cómo fue perdida en la primera instancia, es el tema de esta lección.

1. ¿Cuáles *tres* arcas son descritas en la Biblia? (Gn 6:11-17; Ex 2:3: Ex 25:10)

    a.

    b.

    c.

2. El arca que estamos estudiando hoy es la tercera, frecuentemente llamada "el arca del pacto". ¿Dónde se ubicaba esta arca? (Ex 25:8; He 9:3, 4)

    _____

    _____

    _____

El arca fue parte del mobiliario del santuario, o tabernáculo, la estructura portátil que llegó a ser el centro de la adoración para los israelitas cuando dejaron Egipto y viajaron a la tierra prometida después de aproximadamente 400 años de esclavitud.

3. ¿Cómo era el arca? (Ex 25:10-15)

   _____

   _____

4. ¿Qué fue colocado encima del arca? (Ex 25:17-21; He 9:5)

   _____

   _____

5. ¿Qué había dentro del arca? (He 9:4; Dt 10:2; véase también 1 R 8:9)

   a.

   b.

   c.

   _____

6. ¿Cuál era el propósito del arca? (Ex 25:22; Nm 7:89; Jue 20:27)

   _____

   _____

7. ¿Cuándo se menciona el arca en el Antiguo Testamento, y qué papel jugó en la historia de los judíos?

   a. Nm 10:33-35 _____

   b. Jos 3:3-17; 4:5-10 _____

   c. Jos 6:1-5 _____

   d. 1 S 4–7 _____

   e. 2 S 6:1-7 _____

   f. 1 R 8:1-11 _____

8. ¿Quién destruyó el templo de Salomón, y que pudo haber acontecido con el arca? (2 Cr 36:15-21; Esd 5:13-15; 6:1-5, 14, 15)

   _____

   _____

Una comentadora escribió lo siguiente: "Entre los justos que estaban todavía en Jerusalén y para quienes había sido aclarado el propósito divino, se contaban algunos que estaban resueltos a poner fuera del alcance de manos brutales el arca sagrada que contenía las tablas de piedra sobre las cuales habían sido escritos los preceptos del Decálogo. Así lo hicieron. Con lamentos y pesadumbre, escondieron el arca en una cueva, donde había de quedar oculta del pueblo de Israel y de Judá por causa de sus pecados, para no serles ya devuelta. Esa arca sagrada está todavía escondida. No ha sido tocada desde que fue puesta en recaudo" (Elena G. de White, *Profetas y Reyes*, p. 334).

Hay también un pasaje en los libros apócrifos, en 2 Macabeos 2:4-8, queriendo decir que Jeremías escondió el arca, el altar del incienso, y aún el tabernáculo en una cueva en el Monte Nebo—lo cual parece difícil, ya que Nebo y otra aldea llamada Madaba, están hoy en Jordania, sobre el Río Jordán y a varios kilómetros de Jerusalén. Además, no había tabernáculo en aquellos tiempos, habiendo sido reemplazado en años anteriores por el templo de Salomón.

9. Una cuarta arca aparece en la Biblia en el más sorprendente de los lugares. ¿Dónde queda esta arca? (Ap 11:19)

_____

El arca celestial será el enfoque de una lección futura. Es probable que el arca del pacto terrenal esté escondido en una cueva en algún lugar de Israel. Es interesante notar que el sitio del templo en Jerusalén está ahora ocupado por la Doma de la Roca, un lugar islámico santo (véase la foto).

10. ¿Dónde le gustaba estar al rey David? (Sal 27:4; 69:9; 84:10; 122:1)

_____

_____

11. ¿En cuál arca debo enfocarme ahora? (He 8:1, 2; 9:11, 12)

_____

_____

Lección 2

Jesús en el Santuario

Ningún estudio sobre el arca sería completo sin entender el santuario, también llamado tabernáculo o templo. "Santuario" significa "lugar sagrado". No era una iglesia o lugar de asambleas, más bien una gigante ayuda visual con el propósito de enseñar a la gente los principios básicos de la salvación y el plan de Dios para restaurar todas las cosas.

1. ¿Por qué es importante entender el mensaje del santuario? (Sal 73:1-17)

    _____

    _____

2. ¿Cuál fue el primer encuentro de Jesús con el templo? (Lc 2:21-40)

    _____

    _____

3. ¿Cuándo fue la siguiente vez que él fue al templo? (Lc 2:41-52)

    _____

    _____

    _____

4. ¿Qué debía haber pensado él cuando observaba los sacrificios de animales? (Jn 1:29; Ap 5:6-14)

_____

_____

> "Por primera vez, el niño Jesús miraba el templo. Veía a los sacerdotes de albos vestidos cumplir su solemne ministerio. Contemplaba la sangrante víctima sobre el altar del sacrificio. Juntamente con los adoradores, se inclinaba en oración mientras que la nube de incienso ascendía delante de Dios. Presenciaba los impresionantes ritos del servicio pascual. Día tras día, veía más claramente su significado. Todo acto parecía ligado con su propia vida. Se despertaban nuevos impulsos en él. Silencioso y absorto, parecía estar estudiando un gran problema. El misterio de su misión se estaba revelando al Salvador" (Elena G. de White, _El Deseado de Todas las Gentes_, p. 57).

5. ¿Cuándo se introdujo el sistema de sacrificios y con qué propósito? (Gn 3:7, 21; 4:3-5; 22:1-4; Ex 12:3-14)

_____

_____

6. Jesús frecuentemente enseñaba en el templo en Jerusalén durante su ministerio. En una ocasión particular él usó los ritos del santuario para explicar algo sobre sí mismo. ¿Cuál verdad compartió con la gente? (Jn 7:37-39; Is 55:1)

_____

_____

_____

Un comentario bíblico nos da el siguiente discernimiento: "El Salvador utilizó este servicio simbólico para dirigir la atención del pueblo a las bendiciones que él había venido a traerles. 'En el último y gran día de la fiesta' se oyó su voz en tono que resonó por todos los ámbitos del templo, diciendo: 'Si alguien tiene sed, venga a mí y beba. El que cree en mí, como dice la Escritura, de su interior brotarán ríos de agua viva'. 'Y esto—dice Juan—dijo del Espíritu que habían de recibir los que creyeran en él'. Juan 7:37-39. El agua refrescante que brota en tierra seca y estéril, hace florecer el desierto y fluye para dar vida a los que perecen, es un emblema de la gracia divina que únicamente Cristo puede conceder, y que, como agua viva, purifica, refrigera y fortalece el alma. Aquel en quien mora Cristo tiene dentro de sí una fuente eterna de gracia y fortaleza. Jesús alegra la vida y alumbra el sendero de todos aquellos que lo buscan de todo corazón. Su amor, recibido en el corazón, se manifestará en buenas obras para la vida eterna. Y no sólo bendice al alma de la cual brota, sino que la corriente viva fluirá en palabras y acciones justas, para refrescar a los sedientos que la rodean.

"Cristo empleó la misma figura en su conversación con la mujer de Samaria al lado del pozo de Jacob: 'Pero el que beba del agua que yo le daré no tendrá sed jamás, sino que el agua que yo le daré será en él una fuente de agua que salte para vida eterna'. Juan 4:14. Cristo combina los dos símbolos. Él es la roca y es el agua viva" (Elena G. de White, *Historia de los Patriarcas y Profetas*, p. 388, 389).

7. ¿Cómo revela el mensaje del santuario el verdadero carácter de Dios? (Is 14:12-14; Ez 28:12-19; Ap 12:7-9)

_____

_____

8. ¿Qué evento en el ministerio de Cristo especialmente mostró su respeto por el santuario? (Mt 21:12, 13; Jn 2:13-16)

_____

_____

9. ¿Qué aconteció cuando Cristo murió, gráficamente mostrando cómo los servicios del santuario terrenal habían cumplido su misión y ahora iban a perder completamente su validez? (Mt 27:45-51)

_____

_____

10. ¿Cómo es la relación de Cristo con el santuario en el cielo? (He 7:28-8:6)

_____

_____

11. El mensaje del santuario tiene la clave para entender el libro de Apocalipsis. ¿Qué enseñan los siguientes pasajes acerca del santuario celestial?

a. Ap 1:10-20 _____

_____

b. Ap 4:1-6 _____

_____

c. Ap 11:18, 19 _____

_____

d. Ap 15:1-6 _____

_____

e. Ap 21:22 _____

_____

Lección 3

Jesús Profetiza la Destrucción del Templo

En la lección anterior vimos cómo el santuario muestra lo más básico de las doctrinas cristianas—la salvación a través del sacrificio expiatorio de Cristo—pero que este proceso de expiación no sería completo sin su segunda venida, la cual estudiaremos en esta lección.

1. Los discípulos sentían gran orgullo por el templo. Su fachada brillante de mármol y su mobiliario hermoso ocupaban el punto más elevado de Jerusalén. Cierto día, cuando estaban dando a Jesús una "excursión" por el templo, Jesús hizo una predicción asombrosa (Mt 24:1, 2). Pocos momentos después, sentados en una colina cercana, ¿con qué pregunta enfrentaron a Jesús? (Mt 24:3)

   _____

   _____

2. ¿Fue el templo destruido antes? Trace esta corta historia del templo judío:

   a. 2 S 7:1-13 _____

b.   1 R 7:51–8:5 _____

_____

c.   2 Cr 36:15-21 _____

_____

d.   Esd 3:10-13_____

_____

3.   Vimos el gran respecto de Jesús por el templo en la lección anterior, pero porque los judíos en su mayoría rechazaron a su Mesías, el templo fue otra vez condenado. Mateo 23 contiene una serie de "lamentos" contra los escribas y fariseos. ¿Qué dice Jesús acerca de Jerusalén en los versos 37-39?

_____

_____

4.   ¿Cuáles fueron las dos partes de la pregunta de los discípulos en Mateo 24:3? Y, ¿cuál fue la respuesta de Jesús en los versos siguientes?

_____

_____

En una versión de la terrible destrucción que ocurrió en el año 70 D.C. bajo el general romano Tito se lee lo siguiente: "La ciega obstinación de los jefes judíos y los odiosos crímenes perpetrados en el interior de la ciudad sitiada excitaron el horror y la indignación de los romanos, y finalmente Tito dispuso tomar el templo por asalto. Resolvió, sin embargo, que si era posible evitaría su destrucción. Pero sus órdenes no fueron obedecidas. A la noche, cuando se había retirado a su tienda para descansar, los judíos hicieron una salida desde el templo y atacaron a los soldados que estaban afuera. Durante la lucha, un soldado romano arrojó al pórtico por una abertura un leño encendido, e inmediatamente ardieron los aposentos enmaderados de cedro que rodeaban el edificio santo. Tito acudió apresuradamente, seguido por sus generales y legionarios, y ordenó a los soldados que apagasen las llamas. Sus palabras no fueron escuchadas. Furiosos, los soldados arrojaban teas encendidas en las cámaras contiguas al templo y con sus espadas degollaron a gran número de los que habían buscado refugio allí. La sangre corría como agua por las gradas del templo. Miles y miles de judíos perecieron. Por sobre el ruido de la batalla, se oían voces que gritaban: 'iIchabod!', la gloria se alejó" (Elena G. de White, *El Conflicto de los Siglos*, p. 31).

5. Cuando usted lee Mateo 24, ¿cuántas señales se aplican a la destrucción de Jerusalén o a la segunda venida de Cristo, o a ambos eventos?

_____

_____

6. ¿Qué amonestación solemne nos dio Jesús a nosotros al final de su discurso en Mateo 24 (versículo 44)?

_____

_____

7. Varias parábolas acerca de "estar listos" se encuentran en Mateo 22 y 25. ¿Cuáles son las lecciones que nos trae?

   a. La fiesta de bodas (Mt 22:1-4) _____

   _____

   b. Las vírgenes prudentes y las insensatas (Mt 25:1-13) _____

c. Los talentos (Mt 25:14-30) _____

_____

d. El juicio (Mt 25:31-46) _____

_____

> Note que según varias parábolas de Jesús, la separación de los malos y justos ocurre solamente durante el fin del mundo, y no cuando uno muere. (Mt 13:24-30, 38-43; Mt 13:47-50; Mt 25:31-33)

8. ¿Cómo describe la Biblia la segunda venida de Cristo? (1 Ts 4:13-18; 1 Cor. 15:51-54)

_____

_____

9. ¿Qué significa "como un ladrón en la noche"? (1 Ts 5:2; 2 P 3:10)

_____

10. Dios ha prometido una nueva tierra donde por fin seremos libres de Satanás y del pecado. ¿Qué características distinguen el reino de Dios, el cual disfrutaremos por la eternidad? (Ap 21:4)

_____

_____

El Pacto del Arca

Hay un gran malentendido en el mundo cristiano en relación a los pactos de Dios con su pueblo. Esta lección va a explorar la Biblia por importantes conceptos acerca del nuevo pacto.

1. El arca en el santuario/tabernáculo/templo fue llamado "el arca del pacto." Este término se encuentra más de cuarenta veces en la Biblia. ¿A quién pertenecía el arca? (Nm 10:33; Jos 3:11)

    _____

    _____

Muchas veces, como en Josué 3:11, la palabra *Señor* en el Antiguo Testamento significa *Jehová* en el hebreo original.

2. En términos regulares, ¿qué es un pacto? (Gn 9:12-17)

    _____

    _____

3. ¿Cómo llamamos el pacto de Dios con la humanidad? (He 13:20)

    _____

    _____

4. ¿Por qué fue el arca llamada "el arca del pacto"? (Ex 34:28)

_____

_____

5. Hay varios pactos en la Biblia, pero en este estudio nuestro enfoque
    está en los pactos que tienen que ver con nuestra salvación. ¿Qué
    podemos aprender de los siguientes pactos?

    a. El "viejo pacto" entre Dios y el hombre (Gn 2:16, 17)

    _____

    b. El "nuevo pacto" después que pecaron (Gn 3:15)

    _____

    c. Una prueba del viejo pacto (Ex 19:4-8; 24:3-7)

    _____

    d. El nuevo pacto, guardado en el arca (Ex 25:8-22)

    _____

6. Los dos principios eternos del carácter de Dios y su reino son
    la justicia perfecta (basada en la ley) y la misericordia perfecta.
    ¿Cuáles son algunos eventos mayores de la historia bíblica que
    trazan estos principios coexistentes?

    a. Gn 3:7, 21 _____

    b. Gn 4:3-5 _____

    c. Gn 22:7-14 _____

    d. Ex 29:38, 39; Lv 1:1-5 _____

    _____

    e. Mt 27:46-51 _____

7. ¿Qué hermoso término es usado en la Biblia para describir la relación cristiana de uno con el Salvador?

    a. Is 54:5 _____

    b. Ap 21:9, 10 _____

    c. Ef 5:22-23 _____

8. ¿Fueron salvadas las personas en el Antiguo Testamento en forma diferente que las en el Nuevo Testamento? (Is 55:6, 7; Sal 51)

    _____

    _____

    _____

9. ¿Cuáles son las importantes diferencias entre la ley de los diez mandamientos y la ley ceremonial?

    a. Los diez mandamientos (Ex 25:16, 21; 31:18; 40:20; Dt 9:10)

    _____

    _____

    b. La ley ceremonial (Dt 31:26)

    _____

    _____

10. Está la ley ceremonial todavía en vigencia? (He 9:9-12; Col 2:14; Ef 2:15; He 10:1)

    _____

    _____

    _____

11. Está la ley moral de los diez mandamientos todavía en vigencia? (Sal 19:7; Is 42:21; Mt 5:18; Ro 7:12; 3:31)

_____

_____

_____

_____

_____

12. ¿Qué principios del nuevo pacto son importantes para nosotros hoy?

a.   Jer 31:31-34; Ez 36:26, 27 _____

b.   Lc 22:20 _____

c.   He 8:1-6; Ap 11:15-19 _____

13. ¿Qué debo hacer para empezar mi jornada con Cristo y entrar en una relación de pacto con él? (Hch 16:31; Ro 10:9; Col 2:12; Gá 3:27)

_____

_____

_____

Lección 5

El Ambiente del Arca

El arca del pacto no fue el único aspecto del santuario. Esta lección enfoca en los otros mobiliarios y su significado. Dios mismo, quien diseñó el santuario, dio a cada objeto un significado profundo. El santuario, después de todo, no era una iglesia o lugar de asamblea como tenemos hoy en día; pero como fue mencionado en la lección 2, el santuario era una gran ayuda visual divina, cuyo propósito fue de mostrar varias facetas de su carácter de amor y su plan para salvar una humanidad caída.

1. ¿De dónde vino el diseño para el primer santuario, o tabernáculo? (Ex 25:1-9; 26:30)

_____

_____

_____

_____

2. ¿Nota usted alguna cosa diferente en la reseña de Pablo en Hebreos 9:1-10? (Véase también Ex 31:1-11)

_____

_____

_____

3. A Dios le interesan los detalles. Ni un solo elemento del santuario
   fue dejado a la imaginación de los obreros. ¿Cuáles son algunos
   de los aspectos que usted observa en cada una de las áreas?

   a. El atrio (Ex 27:9-19)

   _____

   _____

   _____

   b. El propio tabernáculo (Ex 26)

   _____

   _____

   _____

   c. El velo (Ex 26:31-35; 30:6)

   _____

   _____

   _____

   d. El altar del sacrificio (Ex 27:1-8)

   _____

   _____

   _____

   e. El lavatorio (Ex 30:17-21)

   _____

   _____

   _____

f.   La mesa del pan de la proposición (Ex 25:23-30)

_____

_____

g.   El candelero de oro (Ex 25:31-40)

_____

_____

h.   El altar del incienso (Ex 30:1-10)

_____

_____

i.   El arca del pacto (Ex 25:10-22)

_____

_____

j.   Las vestiduras de los sacerdotes (Ex 28, especialmente ver. 29, 30)

_____

_____

4.   Ahora vamos a "entrar" en el santuario. ¿Cómo simbolizaron a Jesús las siguientes cosas?

a.   El altar de sacrificio (Jn 1:29; He 7:25-27; 9:12)

_____

b.   El candelero de oro (Jn 8:12)

_____

_____

c.   La mesa del pan de la proposición (Jn 6:41-51)

_____

d.   El sacerdote (He 8:1, 2; 9:11, 12, 24)

_____

5.   Dos tipos mayores de sacrificios fueron ofrecidos en el santuario. ¿Cuáles fueron?

a.   Ex 29:38-46

_____

b.   Lv 4:1-6

_____

6.   Seis solemnes convocaciones especiales o "fiestas" fueron llevadas a cabo durante el año calendario, tres en la primavera y tres en el otoño. ¿Que significaron?

a.   La pascua y de los panes sin levadura (Lv 23:4-8; 1 Co 5:7)

_____

b.   La fiesta de los primeros frutos (la cosecha) (Lv 23:9-14; Mt 27:50-53)

_____

c.   La fiesta de pentecostés (Lv 23:15-22; Hch 2:1-4)

_____

d.   La fiesta de trompetas (Lv 23:23-25)

_____

  e. El día de expiación (Lv 23:26-32; 16:29. 30)

  _____

  f. La fiesta de los tabernáculos (Lv 23:33-34)

  _____

7. Note que el sábado semanal es mencionado separadamente en Levítico 23:3. ¿Por qué, piensa usted, es el sábado destacado así por sí mismo?

  _____

  _____

8. Al estudiar el santuario, llega a ser cada vez más claro que Dios quiere enseñarnos dos grandes principios de la salvación. ¿Cuáles son?

  a. _____

  b. _____

9. ¿Cómo se muestra esto en el gran diseño del santuario?

  a. El lugar santo y el servicio "diario" (He 9:6)

  _____

  b. El lugar santísimo y el servicio "anual" (He 9:7)

  _____

10. ¿Qué lección importante puede entenderse del santuario, especialmente del candelero de oro? (Sal 119:105)

  _____

  _____

El Santuario Terrenal

"El santuario era y es a la vez drama y profecía."

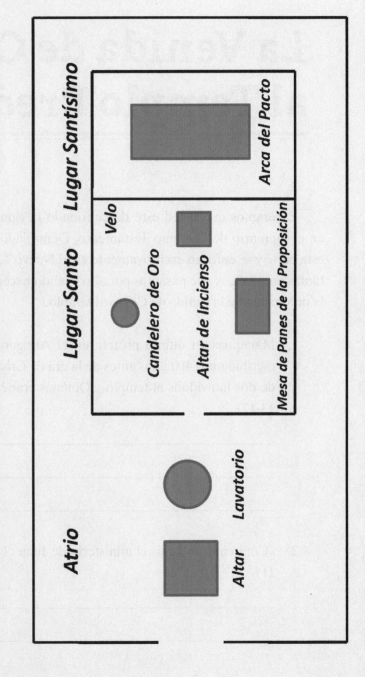

Atrio

Altar

Lavatorio

Lugar Santo

Candelero de Oro

Altar de Incienso

Mesa de Panes de la Proposición

Velo

Lugar Santísimo

Arca del Pacto

La Venida de Cristo al Templo Predicha

Esperamos que usted esté descubriendo la riqueza del simbolismo en el santuario del Antiguo Testamento. Demasiados cristianos ignoran esta parte y se enfocan exclusivamente en el Nuevo Testamento. Pero hay tantas enseñanzas que pasamos por alto cuando hacemos eso, incluyendo la predicción de la venida de Cristo al templo.

1. Malaquías, el último profeta en el Antiguo Testamento, quien escribió unos 400 años antes de la era de Cristo, predijo la venida de dos individuos al templo. ¿Quiénes eran? (Mal 3:1; Mt 3:1-3, 13-17)

    _____

    _____

    _____

2. ¿Cómo afirmó Jesús el ministerio de Juan el Bautista? (Mt 11:7-11)

    _____

    _____

3. ¿Qué profecía de Malaquías usó Jesús en referencia a Juan el Bautista? (Mal 4:5, 6; Jn 1:19-23; Mt 11:12-14)

    _____

    _____

4. ¿Vino Jesús a la tierra a cierta hora de la historia? (Gá 4:4, 5; Mr 1:14, 15)

    _____

    _____

5. La Biblia contiene algunas profecías vinculadas a tiempos particulares, y nosotros vamos a mirar una de ellas. ¿Qué precedente tenemos para interpretar el factor tiempo en cierta manera? (Ez 4:1-6)

    _____

    _____

    _____

6. Este es, entonces, el principio de "un día por un año", lo que se puede aplicar con seguridad a varias profecías de tiempos. Daniel fue uno de los exiliados quien se destacaba en aquel ambiente y fue elevado a una posición de liderazgo en el gobierno de Babilonia, y más adelante en el gobierno sucesor de Persia. ¿Cual es el orden de eventos bosquejado en Daniel 9?

    a. Dn 9:1, 2; Jer 25:11, 12

    _____

    _____

    _____

b. Dn 9:3-19

_____

_____

c. Dn 9:20-23

_____

_____

_____

7. Al interpretar el significado de las palabras de Gabriel, vemos una profecía de tiempos que precisamente predijo la primera venida de Cristo. Si nuestra regla de profecía de tiempo es verdadera, que un "día" profético es igual a un año literal, ¿cuántos años significaría la profecía de setenta semanas? Y, ¿qué significan las frases "están determinadas" y "sobre tu pueblo"? (Dn 9:24)

_____

_____

_____

8. ¿Qué debían ellos cumplir durante ese período de setenta semanas? ¿Tuvieron éxito? (Dn 9:24; Mt 23:37-39)

_____

_____

_____

9. ¿Qué acontecimiento iba a señalar el comienzo de la profecía? (Dn 9:25)

_____

10. ¿Quién dio el decreto que fue el catalizador de la profecía? (Esd 7:11-26)

11. ¿Cuándo debía el Mesías, Jesús, venir a su templo? (Dn 9:26)

12. ¿Qué le pasaría al templo algunos años después de la muerte de Jesús? (Mt 24:1, 1, 15-20)

13. ¿Cómo iba Cristo "por otra semana confirmar el pacto" con los judíos? (Mt 10:5, 6; Hch 13:42-46)

14. El pacto de Dios con Israel, ¿era condicional o incondicional? (Dt 28:1, 2, 15, 16)

15. ¿Cuándo exactamente murió Cristo en el Calvario? (Dn 9:27)

16. ¿Qué evento mostró que los sacrificios en el templo fueron abolidos, por lo menos a los ojos de Dios? (Mt 27:51)

17. ¿Quiénes son el pueblo de Dios hoy? (Gá 6:15, 16; 3:27-29; Ro 9:6-8; 11:5, 13-17, 26)

_____

_____

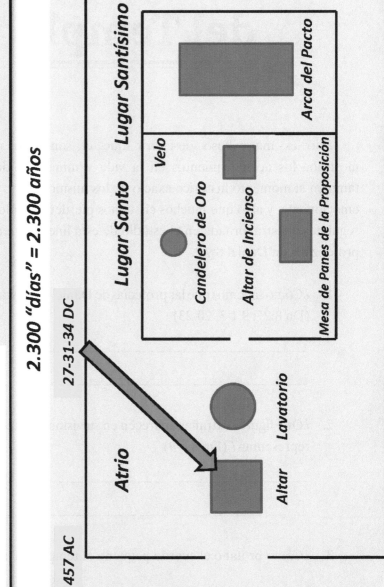

"A la mitad de la semana hará cesar el sacrificio y la ofrenda."
– Dan. 9:27

70 "semanas" = 490 años

2.300 "días" = 2.300 años

457 AC

27-31-34 DC

Atrio

Lavatorio

Altar

Lugar Santo

Lugar Santísimo

Velo

Candelero de Oro

Altar de Incienso

Mesa de Panes de la Proposición

Arca del Pacto

Lección 7

La Purificación del Templo

¿No es maravilloso descubrir que el santuario no solamente mostraba los acontecimientos en la vida y ministerio de Cristo, sino también el momento histórico exacto de los mismos? Esto es una noticia emocionante, y algo que muchos cristianos pierden completamente. Hoy seguimos nuestra jornada en el estudio de esta línea de tiempo increíble, profetizada en Daniel 8 y 9.

1. ¿Cómo sabemos que las profecías de Daniel 8 y 9 están conectadas? (Dn 8:27; 9:1-3, 20-23)

   _____

   _____

2. ¿Qué figuras extrañas aparecen en su visión en el capítulo 8, y qué representan? (Dn 8:1-9)

   _____

   _____

3. ¿Cómo profanó el cuerno pequeño el templo? (Dn 8:10-12)

   _____

   _____

4. ¿Cuánto tiempo sería hasta que la verdad del santuario fuera restaurada? (Dn 8:13, 14)

_____

_____

5. ¿Cuándo empezó ese período? (Dan. 9:25)

_____

_____

6. El término "purificación del santuario" fue bien entendido por los judíos al referirse al día de expiación, el cual a su vez significaba el juicio. Una vez al año ese drama tomaba lugar, en una ceremonia que se enfocaba en el lugar santísimo. ¿Qué significaba esta ceremonia? (Lv 23:26-32; 16:29, 30)

_____

_____

7. Los servicios en el santuario son divididos en dos partes básicas: los "diarios" y los "anuales." ¿Qué representaban los servicios diarios? (Mk. 15:33-39)

_____

_____

8. Entonces, si el servicio diario es profético, ¿qué profetiza el servicio anual? (Ap 20:11-15)

_____

_____

9. Note la profecía de Daniel acerca del juicio. ¿Qué ocurre antes del retorno de Cristo a la tierra? (Dn 7:9, 10)

10. ¿Qué ceremonia solemne del santuario demuestra la gracia salvadora de Dios? (Lv 16:7-10)

    _____

    a. ¿A quién representa el macho cabrío de Jehová? _____

    b. ¿A quién representa el otro macho cabrío Azazel? _____

    c. ¿Cuándo muere el cabrío del Señor? (Lv 16:8, 9; Jn 19:28-30) _____

    d. ¿Cuándo muere Azazel? (Lv 16:10; Ap 20:7-10)

    _____

    _____

    _____

    _____

11. Algunos creen que los dos machos cabríos representan a Cristo. Si ambos machos cabríos tenían que ser perfectos, ¿cómo puede Azazel representar a Satanás? (Ez 28:12-15)

    _____

12. Entonces, ¿en qué sentido llevaba Azazel los pecados del pueblo? (Lv 16:15-22)

    _____

    _____

    _____

13. ¿Qué aconteció en 1844 que lo hace un momento significativo en profecía bíblica? (Ap 10:8-11)

_____

_____

_____

_____

Siguiendo el simbolismo del santuario a su conclusión lógica, creemos que una parte del juicio empezó en 1844. Lo llamamos el "juicio investigador", porque Cristo está preparándonos para su venida. Hay un sentido definitivo en que nosotros también debemos "afligir nuestras almas" como hicieron los israelitas en el día de la expiación, tomando en serio la vida y viviendo para Jesús.

14. ¿Tendremos que tratar con el pecado alguna otra vez? (Nah 1:9)

_____

_____

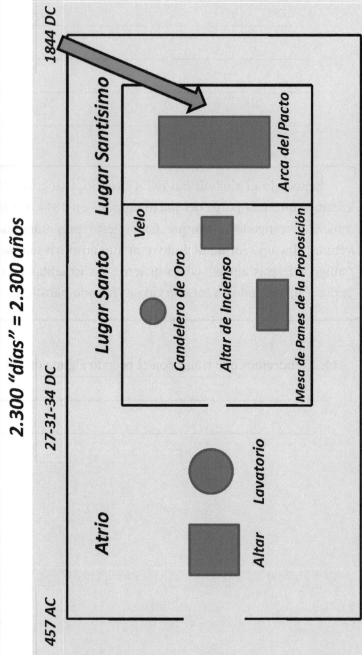

"Hasta dos mil trescientas tardes y mañanas, luego el santuario será purificado." – Dan. 8:14

70 "semanas" = 490 años   1.810 años

2.300 "días" = 2.300 años

457 AC   27-31-34 DC   1844 DC

Atrio   Lavatorio   Lugar Santo   Lugar Santísimo

Altar

Candelero de Oro

Velo

Altar de Incienso

Mesa de Panes de la Proposición

Arca del Pacto

Lección 8

El Contenido del Arca

En la primera lección nos referimos brevemente al contenido del arca del pacto, pero ahora vamos a observar sus significados más profundos. El arca fue la cosa más santa en el santuario porque representaba la misma presencia de Dios.

1. ¿Cómo fue construida el arca?

    a. ¿Cuál fue su tamaño? (Ex 25:10)

    _____

    b. ¿De qué fue hecha? (v. 10, 11)

    _____

    c. ¿Cómo tenía que ser transportada? (v. 12-15)

    _____

    d. ¿Qué estaba dentro del arca? (v. 16)

    _____

    e. ¿Qué estaba encima del arca? (v. 17-21)

    _____

f.   ¿Qué actividad tenía que tomar lugar ante el arca? (v. 22)

_____

2.   ¿Qué otros objetos más tarde serían añadidos al arca? (He 9:4; Ex 16:33, 34; Nm 17:1-10)

_____

3.   ¿Qué representan los siguientes objetos en relación a Dios y su carácter?

a.   Los diez mandamientos _____

b.   El maná _____

c.   La vara de Aarón_____

d.   El propiciatorio de oro _____

e.   Los querubines _____

4.   ¿Por qué es importante para nosotros tener una verdadera imagen de Dios? (Is 14:12-15)

_____

_____

_____

Todos hemos oído declaraciones como ésta: "Si existiera Dios, él no permitiría...". Satanás se deleita en tales asaltos al carácter de Dios. La verdad es que Dios es el sanador y libertador, y Satanás quien destruye y hace guerra.

5. ¿Qué vislumbre da la declaración de Jesús a sus discípulos acerca del hombre ciego y sus sufrimientos? (Jn 9:1-5)

_____

_____

6. ¿Qué dijo el apóstol Pablo acerca de su lucha con la enfermedad y el papel de Satanás? (2 Co 12:7-10)

_____

_____

7. ¿Qué nos enseña la historia de Job acerca de la actividad de Satanás en el mundo? (Job 1:6-12)

_____

Si Dios de repente fuera a cancelar toda la miseria del mundo, la pobreza, las enfermedades, la muerte, nosotros no desearíamos el cielo. Y si Dios sanara solamente los cristianos, entonces mucha gente iba a ser cristianos por razones erradas.

8. Volviendo al arca, ¿cuáles son los dos principios básicos que nos enseña?

a. Los diez mandamientos (Ap 14:12; 22:14; Mt 5:17, 18; Ro 3:20, 31; 7:12)

_____

_____

b. El propiciatorio de oro (Ro 3:23, 24; 5:1; Stg 2:10-12; 1 Jn 1:9)

_____

_____

9. ¿Cómo se presentó a sí mismo Dios a Moisés? ¿Qué características
    usó Dios para describirse? (Ex 34:5, 6; Sal 85:10)

_____

_____

10. ¿Cuál otra característica de Dios es resaltada en la Biblia? (Sal
    115:1-8)

_____

11. ¿Hay alguna cosa en el arca del pacto que se refiere a Dios como
    nuestro Creador? (Ex 20:8-11)

_____

_____

_____

12. ¿Qué nos enseñan los siguientes pasajes acerca del día de reposo
    o sábado?

    a. Gn 2:1-3 _____

_____

    b. Mr 2:27, 28 _____

_____

    c. Ex 16:23-29 _____

_____

    d. Neh 13:15-22 _____

_____

e.   Hch 13:42-44; 16:13 _____

_____

f.   He 4:8, 9 _____

_____

g.   Is 66:22, 23 _____

_____

13. Si la observancia de la ley no nos salva directamente, ¿qué hay de bueno con la ley? y, ¿debemos seguirla? (Stg 1:22-25; Ro 3:20)

_____

_____

"El precioso registro de la ley fue colocado en el arca del pacto y todavía está allá, seguramente escondido de la familia humana. Pero en la hora designada por Dios, él traerá a la luz estas tablas de piedra para ser testimonio a todo el mundo contra el desprecio de sus mandamientos y contra la adoración idólatra de un sábado falsificado" (Elena G. de White, *Manuscript Releases*, vol. 8, p. 100; traducción nuestra).

Lección 9

Parábolas del Reino

La gente de los días de Jesús, incluyendo sus propios discípulos, tenían algunas nociones muy distorsionadas con respecto al reino de Dios. Estaban buscando a un mesías quien iba a derribar a los opresivos romanos y restaurar la nación a la grandeza terrenal. En esta lección vamos a explorar algunas parábolas que Jesús contó, mientras él pacientemente explicaba la verdadera naturaleza de su reino y los acontecimientos finales que lo traerían.

1. ¿Qué nos enseñan las siguientes parábolas de Jesús acerca del *tiempo* del día de juicio?

    a. El trigo y la cizaña (Mt 13:24-30, 36-43)

    b. La red (Mt 13:47-50)

    c. El juicio final (Mt 25:31-34, 41)

    _____

    _____

    _____

    _____

    _____

2. ¿Qué podemos aprender de los siguientes pasajes?

    a.   Dn 7:9, 10 _____

    b.   Hch 24:15 _____

    c.   Mr 13:24-27 _____

    d.   Jn 5:28, 29_____

    e.   Hch 2:29-35 _____

    f.   1 Co 15:51-54; 1 Ts 4:13-17 _____

    _____

3. En la lección 7 aprendimos que una parte del juicio empezó en el año 1844. ¿Qué involucra esto? (Dan. 7:9, 10)

    _____

    _____

    _____

    _____

4. ¿Cuándo ocurre la fase del veredicto? (2 Ts 2:8; Ap 6:15-17)

    _____

5. ¿Es eso todo para los injustos? ¿Cuál es el orden de eventos bosquejado en Apocalipsis 19 y 20?

    a.   Ap 19:11-16 _____

    b.   Ap 19:17-21 _____

    c.   Ap 20:1-3 _____

d. Ap 20:4-6; 1 Co 6:2 _____

e. Ap 20:7-14 _____

6. El libro entero de Apocalipsis está lleno de alusiones al santuario. ¿Qué nota usted en los siguientes pasajes?

a. Ap 1:9-20 _____

b. Ap 4 _____

c. Ap 8:1-6 _____

d. Ap 11:1-3 _____

e. Ap 15:5-8 _____

_____

_____

7. ¿Qué acontecimiento es descrito en Apocalipsis 14:14-16?

_____

8. ¿Quiere Dios tomarnos desprevenidos con su venida, o será que él nos da amonestaciones? (Mt 24;25; Jon. 3:1-4)

_____

9. ¿Cómo amonesta Dios al mundo, justo antes de la venida de Cristo? (Ap 14:6-13)

_____

_____

_____

10. Ahora vamos a examinar el mensaje de los tres ángeles en detalle. ¿Cuáles son los componentes del mensaje del primer ángel? (Ap 14:6, 7)

    a.   Volando en el medio del cielo _____

    b.   El evangelio eterno _____

    c.   A toda nación_____

    d.   Temed a Dios, y dadle gloria _____

    e.   La hora de su juicio_____

    f.   Adorad al Creador _____

11. ¿Que aprendemos en el mensaje de segundo ángel? (Ap 14:8; véase también Ap 17 y 18, especialmente 18:1-4)

_____

_____

12. ¿Qué proclama el tercer ángel? (Ap 14:9-11)

_____

_____

13. En contraste directo a los impíos en Babilonia, ¿cómo es la descripción de los salvos justo antes de la venida de Cristo? (Ap 14:12, 13)

_____

_____

Lección 10

Santidad al Señor

Cuando el pueblo de Israel fue libertado de centenas de años de esclavitud en la tierra de Egipto, en gran manera había perdido su fe y tenía que ser completamente reeducado en las cosas del Señor y en los principios básicos de la vida. Hay notables excepciones que incluyen a los padres de Moisés y una minoría de israelitas fieles, porque sabemos que Dios siempre ha preservado sus verdades a través de la historia, aunque a veces fue en secreto. Una vez que los israelitas estaban acampados en el desierto, no fue entonces práctico que cada familia observara individualmente los ritos de sacrificios en casa; fue así que se introdujo el sistema del santuario. Esta lección resalta el concepto de santidad.

1. ¿Cuál signo de santidad era parte de las vestiduras del sacerdote? (Ex 28:36-38; 39:30, 31)

_____

2. ¿Qué significa ser "santo"? (1 P 1:16; Mt 5:48)

_____

_____

3. ¿Cómo empezó Dios a revelar su plan de santidad al pueblo a través de Moisés? (Ex 3:1-5)

_____

_____

4. ¿Cómo fue que Dios colocó este ideal ante toda la gente? (Ex 19:3-6; 20:8)

_____

_____

_____

5. ¿Qué experiencia durante la jornada a Canaán subrayó la urgencia del concepto de santidad? (Lv 10:1-10)

_____

_____

6. ¿De qué otra manera fue la santidad reflejada en su manera de vivir? (Lv 11:44-47; Hch 10:9-16, 28)

_____

_____

_____

_____

7. Dios nos desafía a lograr la santidad en cada área de nuestras vidas, tales como:

a. 1 Co 3:16_____

b. 1 Co 6:9-11, 18-20 _____

c. Lv 27:30; Mal 3:8-10 _____

8. El concepto de santidad se lleva a través de la Biblia. ¿Qué podemos aprender sobre este concepto en el Antiguo y el Nuevo Testamentos? (Ez 22:26; 44:16-23; 1 P 2:9)

_____

_____

_____

_____

9. ¿Qué teología medieval obscureció "el sacerdocio del creyente" y llegó a ser una cuestión en la Reforma Protestante?

_____

_____

10. ¿Qué pasó con el sacerdocio cuando Cristo murió? (Mt 27:51; He 8:1-6)

_____

11. ¿En qué sentido servimos nosotros como "sacerdotes" hoy? (Jn 21:15-17; 1 P 5:3-5)

_____

12. ¿Qué concepto posmoderno ha confundido la distinción entre lo santo y lo impuro?

_____

_____

_____

13. ¿Qué perspectiva va a ayudarnos a dedicar nuestras vidas completamente a Dios? (He 11:13; 1 P 2:11)

_____

_____

14. Llegar a ser "santo" es claramente un concepto ajeno para el mundo en general. ¿Cómo nos aconseja el Señor a poner en perspectiva la vida y colocarlo a él en primer lugar, para que asociándonos con él podamos llegar a ser santos?

    a.   1 Jn 2:15-17 _____

    b.   2 P 3:10-13 _____

¡Vamos a orar todos para que el Señor haga su maravillosa obra en nuestras vidas, y así prepararnos para su reino celestial! "La oración es el medio ordenado por el cielo para tener éxito en el conflicto con el pecado y desarrollar el carácter cristiano. Las influencias divinas que vienen en respuesta a la oración de fe, efectuarán en el alma del suplicante todo lo que pide. Podemos pedir perdón del pecado, el Espíritu Santo, un temperamento semejante al de Cristo, sabiduría y poder para realizar su obra, o cualquier otro don que él ha prometido; y la promesa es: 'Se os dará.'" (Elena G. de White, _Los Hechos de los Apóstoles_, p. 450).

Lección 11

Mediación Celestial

En el mundo de hoy especialmente, las personas se consideran independientes y autosuficientes. "Libertad" para muchos es interpretada para decir que moralmente no respondemos a nadie, que somos autónomos. Relacionado con eso y muy de cerca es la idea del relativismo—que lo que creo yo puede ser diferente que lo que cree usted, y ¡ambos tienen la razón! La "verdad" es buena para el matemático, el físico, el químico, etc., pero la verdad para el comportamiento no existe y es condicionada por nuestra cultura y educación. Los resultados tristes de estas filosofías se ven todos alrededor.

1. En la parábola de la oveja perdida, ¿estaba ella "libre"? (Lk. 15:3-7)

   _____

   _____

2. ¿Cuál era la misión de Jesús durante su tiempo en la tierra? (Lk. 19:10)

   _____

   _____

3. Jesús comenzó su mediación cuando estaba en el mundo. ¿Por quiénes intercedía? (Jn 17:6-21)

   _____

4. ¿Cuál es la única manera de ser verdaderamente libre? (Jn 17:17;

14:6; 8:30-36)

_____

5. ¿Qué nos enseña el santuario acerca de Jesús, nuestro Salvador
   y Mediador?

   a. He 9:12 _____

   b. He 8:1, 2, 6 _____

   c. He 9:28 _____

   _____

6. ¿Qué califica a Cristo para ser nuestro Mediador? (He 4:15, 16;
   5:8, 9)

   _____

   _____

7. ¿Qué nos enseñan las siguientes escrituras acerca de la mediación
   de Cristo?

   a. 1 Ti 2:5, 6 _____

   b. He 8:6; 9:15 _____

   _____

   c. Jn 14:1-6 _____

   _____

Es importante notar que algunas corrientes teológicas indican
otros "mediadores", como sacerdotes, María, etc. Estas ideas erróneas
entraron durante la gran apostasía del cristianismo después de la era
de los apóstoles.

8. Si Jesús es nuestro Mediador en el santuario celestial, ¿quién está
    aquí en la tierra para ayudarnos? (Jn 16:7)

    _____

9. ¿Cuál es la obra del Espíritu Santo? (Jn 16:8-13)

    _____

10. ¿Qué nos califica para gozar de la obra del Espíritu Santo? (Jn
    14:15-17; He 10:14)

    _____

    _____

    _____

11. ¿Cómo podemos encontrar esta verdad? (Jn 18:36-38)

    _____

    _____

12. ¿Qué papel juega el Espíritu Santo cuando oramos? (Ro 8:26, 27)

    _____

13. ¿Cómo nos habilita el Espíritu Santo para servir a otros? (1 Co
    12:1, 7-11)

    _____

14. ¿Cómo abren Cristo y el Espíritu Santo los portales del cielo
    ahora mismo? (Ef 3:12; He 4:16)

    _____

15. Todas las verdades que hemos estudiado hoy vienen del santuario.
    ¿Cómo expresaron los salmistas su gozo y aprecio por la casa de

Dios? (Sal 77:13; 122:1)

---

16. ¿Qué aconteció en los días del rey Josías cuando las escrituras fueron redescubiertas? (2 R 22:8-13)

---

17. Cuando consultaron con Hulda la profetiza, ¿qué dijo ella, especialmente al joven rey? (2 R 22:15-20)

¡Que tengamos corazones humildes para recibir la Palabra de Dios y rendirle a él nuestras vidas!

El Arca de Seguridad

Comenzamos nuestra lección final con esta cita de *El Conflicto de los Siglos*: "El asunto del santuario fue la clave que aclaró el misterio del desengaño de 1844. *Reveló todo un sistema de verdades, que formaban un conjunto armonioso* y demostraban que la mano de Dios había dirigido el gran movimiento adventista, y al poner de manifiesto la situación y la obra de su pueblo le indicaba cuál era su deber de allí en adelante" (Elena G. de White, p. 476, el énfasis es nuestro).

Podríamos discutir la búsqueda del arca del pacto terrenal, pero eso solamente satisfaría una curiosidad para resolver el misterio de su ubicación. En esta lección final, vamos a concentrar nuestro tiempo en estudiar el arca celestial, la cual ha sido obscurecida por varios estratos de teología falsa a través de los siglos. Satanás ha tenido éxito en gran medida en dirigir el enfoque del hombre fuera de Cristo y hacia un "reino" visible en la tierra, para crear una dependencia en un sistema eclesiástico en lugar del ministerio de nuestro Sumo Sacerdote celestial.

1. ¿Qué sistema terrenal prevalecía durante la edad media, y qué medios usaba para llamar la atención a sí mismo y fuera de Cristo? (Dn 8:9; Ap 13:6)

   _____

   _____

2. ¿Cuáles son las características significativas que nos ayudan a identificar este poder? (Dn 8:9-12; Ap 13:1-8)

   _____

   _____

3.   ¿Cuándo sería desenmascarado este sistema falso? (Dn 8:13, 14; He 9:23)

"Este período profético terminó el 22 de octubre de 1844. La desilusión de los que esperaban encontrar a su Señor en ese día fue muy grande. Hiram Edson, un diligente estudioso de la Biblia que vivía en el Estado de Nueva York, describe lo que ocurrió con el grupo de creyentes del cual él formaba parte:

"Nuestras expectativas iban en aumento mientras esperábamos la llegada de nuestro Señor, hasta que el reloj marcó las doce a medianoche. El día había pasado, y nuestro chasco llegó a ser una certeza. Nuestras más caras esperanzas y expectativas fueron barridas, y nos sobrevino un deseo de llorar como nunca antes habíamos experimentado. La pérdida de todos los amigos terrenales no se hubiera comparado con lo que sentimos entonces. Lloramos y lloramos hasta que el día amaneció....

"Me decía a mí mismo: 'Mi experiencia adventista ha sido la más brillante de toda mi vida cristiana.... ¿Ha fallado la Biblia? ¿No hay Dios, ni cielo, ni ciudad de oro, ni paraíso? ¿Es todo nada más que una fábula astutamente inventada? ¿No hay realidad detrás de nuestras más caras esperanzas y expectativas?...'.

"Comencé a sentir que podría haber luz y ayuda para nosotros en nuestro dolor. Dije a algunos de los hermanos: 'Vayamos al granero'. Entramos en éste, cerramos las puertas y nos arrodillamos delante del Señor. Oramos fervientemente porque sentíamos nuestra necesidad. Continuamos en ferviente oración hasta que recibimos del Espíritu la certeza de que nuestras oraciones habían sido aceptadas y de que se nos daría luz; la razón de nuestro chasco sería explicada en forma clara y satisfactoria.

"Después del desayuno dije a uno de mis hermanos: 'Vayamos a ver y animar a algunos de nuestros hermanos'. Salimos, y mientras pasábamos por un gran campo, fui detenido en medio de él. El cielo pareció abrirse ante mi vista, y vi definida y claramente que en vez de que nuestro Sumo Sacerdote saliese del lugar santísimo del santuario celestial para venir a esta tierra en el décimo día del mes séptimo, al fin de los 2.300 días, había entrado por primera vez, en ese día, en el segundo departamento de ese santuario, y que tenía una obra que realizar en el lugar santísimo antes de venir a la tierra; que había venido a las bodas o, en otras palabras, al Anciano de Días, para recibir el reino, el dominio y la gloria; y que debíamos esperar su retorno de las bodas. Entonces mi mente fue dirigida al capítulo 10 del Apocalipsis, donde pude ver que la visión había hablado y no había mentido" (Manuscrito inédito publicado parcialmente en *The Review and Herald*, 23 de junio de 1921. *Citado en Cristo en Su Santuario*, pp. 8, 9).

4. ¿Quién es el Mesías Príncipe? (Jos 5:13-15; Dn 9:25; 10:21; 12:1)

_____

_____

5. ¿En qué maneras específicas reemplazó la teología del cuerno pequeño el ministerio de Jesús?

a. Un sacerdocio falso (Ap 1:6: 1 P 2:9)

_____

_____

b. Un sistema falso de mediación (He 8:1-6)

_____

_____

c. Un sistema religioso falso con sus rasgos místicos como incienso, estatuas e imágenes, altares, agua santa, reliquias, y otras cosas no bíblicas.

_____

_____

_____

_____

Hebreos 9:24 revela que el santuario terrenal y su contenido fueron solamente "copias del verdadero". Por tanto, ¡la verdadera "arca perdida" fue redescubierta en 1844, en un campo de maíz, por un laico dedicado! Esta arca, el arca celestial, y el ministerio celestial de Jesús vino a la luz y resultó en un nuevo movimiento cristiano ahora conocido como la Iglesia Adventista del Séptimo Día. ¿Cuáles son los "secretos y misterios" de esta "arca perdida"? Solamente son secretos y misterios porque la mayoría de personas nunca estudian el santuario, y así el arca se perdió.

Note: La Iglesia Adventista del Séptimo Día tiene muchas de sus enseñanzas en común con otras denominaciones, pero ¡es la *única* que enseña el mensaje del santuario!

6. Entonces en resumen, y de acuerdo con lo que hemos descubierto a través de esta serie de lecciones, ¿cuáles son algunas de las más importantes enseñanzas bíblicas dadas en el mensaje del santuario—"las joyas de la verdad" que debemos poner en "el marco del Evangelio"? (Elena G. de White, *Obreros Evangélicos*, p. 306).

    a. He 9:11, 12 _____

    b. Is 14:12-14 _____

    c. 1 Ts 4:16-18 _____

    d. Dn 8:14; Ap 14:6, 7 _____

    e. Jn 14:15, 16; Ro 6:23 _____

"En él vi un arca, cuya cubierta y lados estaban recubiertos de oro purísimo. En cada extremo del arca había un hermoso querubín con las alas extendidas sobre el arca. Sus rostros estaban frente a frente uno de otro, pero miraban hacia abajo. Entre los dos ángeles había un incensario de oro, y sobre el arca, donde estaban los ángeles, una gloria en extremo esplendorosa que semejaba un trono en que moraba Dios. Junto al arca estaba Jesús, y cuando las oraciones de los santos llegaban a él, humeaba el incienso del incensario, y Jesús ofrecía a su Padre aquellas oraciones con el humo del incienso. Dentro del arca estaba el vaso de oro con el maná, la florida vara de Aarón y las tablas de piedra, que se plegaban la una sobre la otra como las hojas de un libro. Las abrió Jesús, y vi en ellas los diez mandamientos escritos por el dedo de Dios. En una tabla había cuatro, y en la otra seis. Los cuatro de la primera brillaban más que los otros seis. Pero el cuarto, el mandamiento del sábado, brillaba más que todos, porque el sábado fue puesto aparte para que se lo guardase en honor del santo nombre de Dios. El santo sábado resplandecía, rodeado de un nimbo de gloria. Vi que el mandamiento del sábado no estaba clavado en la cruz, pues de haberlo estado, también lo hubieran estado los otros nueve, y tendríamos libertad para violarlos todos, así como el cuarto. Vi que, por ser Dios inmutable, no había cambiado el día de descanso" (Elena G. de White, *Primeros Escritos*, pp. 32, 33).

7. Dado que hubo tanta distorsión a través de los siglos, ¿es "iglesia" realmente una necesidad en la vida del creyente? ¿Está Dios de alguna manera en la iglesia? (Mt 16:16-19; 1 P 2:6-10; He 12:22, 23)

_____

_____

_____

8. ¿Qué indicación tenemos que nos informa que Jesús ama a la iglesia? (Ef 5:25-17; Ap 1:12-20)

_____

9. ¿Cómo fue organizada la iglesia primitiva, la cual nos sirve como modelo hoy? (Hch 6:1-7; 14:23; 15:1-3)

_____

_____

10. ¿Cómo fueron los miembros añadidos a la iglesia? (Hch 2:41-47)

_____

11. Solamente ocho personas fueron salvadas en el arca de Noé. ¿Qué dice Pedro sobre el antitipo o cumplimiento que ahora nos salva? (1 P 3:18-22)

_____

_____

Nuestros primeros creyentes frecuentemente usaban el término "arca de seguridad" para referirse a la iglesia. ¡Esta, entonces, es la quinta arca en la Biblia! En el día de Noé, las personas que le escuchaban tenían una opción—o subir en el arca o quedar fuera. No es diferente hoy. Todas las cuatro arcas identificadas en la lección 1 eran o son "arcas de seguridad". La siguiente cita nos provee discernimiento del arca de seguridad y de nuestro papel en compartir este mensaje para otros:

"Hay obra que hacer por nuestros vecinos y por aquellos con quienes nos asociamos. No estamos libres para cesar nuestras labores pacientes y dedicadas en favor de las almas, mientras quedan algunas fuera del arca de la salvación. No hay tregua en esta guerra. Somos soldados de Cristo y estamos bajo la obligación de velar, no sea que el enemigo nos gane la delantera y capte para servicio suyo almas que pudiéramos haber ganado para Cristo" (Elena G. de White, *Testimonios para la Iglesia*, tomo 5, p. 259).

Respuestas para el Guía de Estudios

Lección 1

La Búsqueda del Arca Perdida

La búsqueda del arca del pacto ha sido por mucho tiempo una fascinación para mucha gente, y, por supuesto, aún fue celebrada en la película *Raiders of the Lost Ark*. Cómo fue perdida en la primera instancia, es el tema de esta lección.

1. ¿Cuáles *tres* arcas son descritas en la Biblia? (Gn 6:11-17; Ex 2:3: Ex 25:10)

   a. El arca de Noé.

   b. El arca de Moisés.

   c. El arca del pacto.

2. El arca que estamos estudiando hoy es la tercera, frecuentemente llamada "el arca del pacto". ¿Dónde se ubicaba esta arca? (Ex 25:8; He 9:3, 4)

   En el lugar santísimo del santuario.

El arca fue parte del mobiliario del santuario, o tabernáculo, la estructura portátil que llegó a ser el centro de la adoración para los israelitas cuando dejaron Egipto y viajaron a la tierra prometida después de aproximadamente 400 años de esclavitud.

3. ¿Cómo era el arca? (Ex 25:10-15)

    El arca fue un cajón dorado. Medía aproximadamente 114 centímetros de largo, 68.5 de ancho, y 68.5 de altura.

4. ¿Qué fue colocado encima del arca? (Ex 25:17-21; He 9:5)

    El propiciatorio con dos querubines de oro, uno en cada lado. "Querubines" son ángeles, en este caso representando los ángeles que son los más cerca de Dios en su trono celestial.

5. ¿Qué había dentro del arca? (He 9:4; Dt 10:2; véase también 1 R 8:9)

    a. El cofre del maná.

    b. La vara de Aarón.

    c. Los diez mandamientos; note que los diez mandamientos son también llamados "el testimonio" y "las tablas del pacto".

6. ¿Cuál era el propósito del arca? (Ex 25:22; Nm 7:89; Jue 20:27)

    Representaba el trono de Dios y su presencia entre la gente.

7. ¿Cuándo se menciona el arca en el Antiguo Testamento, y qué papel jugó en la historia de los judíos?

   a. Nm 10:33-35 – El arca iba delante de la gente para guiarle.

   b. Jos 3:3-17; 4:5-10 – El arca fue usada cuando cruzaron el Río Jordán.

   c. Jos 6:1-5 – El arca fue llevada alrededor de Jericó.

   d. 1 S 4–7 – El arca fue capturada y devuelta por los filisteos.

   e. 2 S 6:1-7 – Uza tocó el arca y murió por causa de su desobediencia.

   f. 1 R 8:1-11 – El arca fue colocada en el templo de Salomón.

8. ¿Quién destruyó el templo de Salomón, y qué pudo haber acontecido con el arca? (2 Cr 36:15-21; Esd 5:13-15; 6:1-5, 14, 15)
   El templo fue destruido por los babilonios cuando capturaron Jerusalén. El arca desapareció entonces.

Una comentadora escribió lo siguiente: "Entre los justos que estaban todavía en Jerusalén y para quienes había sido aclarado el propósito divino, se contaban algunos que estaban resueltos a poner fuera del alcance de manos brutales el arca sagrada que contenía las tablas de piedra sobre las cuales habían sido escritos los preceptos del Decálogo. Así lo hicieron. Con lamentos y pesadumbre, escondieron el arca en una cueva, donde había de quedar oculta del pueblo de Israel y de Judá por causa de sus pecados, para no serles ya devuelta. Esa arca sagrada está todavía escondida. No ha sido tocada desde que fue puesta en recaudo" (Elena G. de White, *Profetas y Reyes*, p. 334).

Hay también un pasaje en los libros apócrifos, en 2 Macabeos 2:4-8, queriendo decir que Jeremías escondió el arca, el altar del incienso, y aún el tabernáculo en una cueva en el Monte Nebo, lo cual parece difícil, ya que Nebo y otra aldea llamada Madaba, están hoy en Jordania, sobre el Río Jordán y a varios kilómetros de Jerusalén. Además, no había tabernáculo en aquellos tiempos, habiendo sido reemplazado en años anteriores por el templo de Salomón.

9.   Una cuarta arca aparece en la Biblia en el más sorprendente de los lugares. ¿Dónde queda esta arca? (Ap 11:19)

¡Esta arca se encuentra en el cielo!

El arca celestial será el enfoque de una lección futura. Es probable que el arca del pacto terrenal esté escondido en una cueva en algún lugar de Israel. Es interesante notar que el sitio del templo en Jerusalén está ahora ocupado por la Doma de la Roca, un lugar islámico santo (véase la foto).

10.   ¿Dónde le gustaba estar al rey David? (Sal 27:4; 69:9; 84:10; 122:1)

El rey David se deleitaba estar en la casa de Dios y en su presencia, que en aquel tiempo era todavía el tabernáculo.

11.   ¿En cuál arca debo enfocarme ahora? (He 8:1, 2; 9:11, 12)

El resto de nuestro estudio se va a enfocar en el santuario celestial y en el arca donde Jesús sirve antes de que se vuelva a la tierra.

Lección 2

Jesús en el Santuario

Ningún estudio sobre el arca sería completo sin entender el santuario, también llamado tabernáculo o templo. "Santuario" significa "lugar sagrado". No era una iglesia o lugar de asambleas, más bien una gigante ayuda visual con el propósito de enseñar a la gente los principios básicos de la salvación y el plan de Dios para restaurar todas las cosas.

1. ¿Por qué es importante entender el mensaje del santuario? (Sal 73:1-17)

   Cuando es correctamente entendido, el santuario contesta las "preguntas grandes" sobre la existencia del mal y el problema del sufrimiento humano.

2. ¿Cuál fue el primer encuentro de Jesús con el templo? (Lc 2:21-40)

   Su dedicación como infante fue su primera visita al templo.

3. ¿Cuándo fue la siguiente vez que él fue al templo? (Lc 2:41-52)

   Cuando llegó a tener doce años, como todos los niños judíos, le permitieron participar en los servicios de la pascua. Viajó con María y José a Jerusalén cuando obtuvo el estado de "hombre", según las costumbres judías.

4. ¿Qué debía haber pensado él cuando observaba los sacrificios de animales? (Jn 1:29; Ap 5:6-14)

    El Espíritu Santo le impresionó que él era el Cordero de Dios que iba a salvar a la gente de sus pecados.

"Por primera vez, el niño Jesús miraba el templo. Veía a los sacerdotes de albos vestidos cumplir su solemne ministerio. Contemplaba la sangrante víctima sobre el altar del sacrificio. Juntamente con los adoradores, se inclinaba en oración mientras que la nube de incienso ascendía delante de Dios. Presenciaba los impresionantes ritos del servicio pascual. Día tras día, veía más claramente su significado. Todo acto parecía ligado con su propia vida. Se despertaban nuevos impulsos en él. Silencioso y absorto, parecía estar estudiando un gran problema. El misterio de su misión se estaba revelando al Salvador" (Elena G. de White, *El Deseado de Todas las Gentes*, p. 57).

---

5. ¿Cuándo se introdujo el sistema de sacrificios y con qué propósito? (Gn 3:7, 21; 4:3-5; 22:1-4; Ex 12:3-14)

    Dios introdujo el sistema de sacrificios con Adán y Eva y sus descendientes después que salieron del Jardín del Edén. Después del éxodo, los sacrificios fueron establecidos en los servicios del santuario. Los sacrificios debían simbolizar que la pena del pecado es la muerte (Ro 6:23).

6. Jesús frecuentemente enseñaba en el templo en Jerusalén durante su ministerio. En una ocasión particular él usó los ritos del santuario para explicar algo sobre sí mismo. ¿Cuál verdad compartió con la gente? (Jn 7:37-39; Is 55:1)

    Dijo a la gente que él era el Agua de la Vida, el único que puede satisfacer (véase también Juan 4:13, 14).

Un comentario bíblico nos da el siguiente discernimiento: "El Salvador utilizó este servicio simbólico para dirigir la atención del pueblo a las bendiciones que él había venido a traerles. 'En el último y gran día de la fiesta' se oyó su voz en tono que resonó por todos los ámbitos del templo, diciendo: 'Si alguien tiene sed, venga a mí y beba. El que cree en mí, como dice la Escritura, de su interior brotarán ríos de agua viva'. 'Y esto—dice Juan—dijo del Espíritu que habían de recibir los que creyeran en él'. Juan 7:37-39. El agua refrescante que brota en tierra seca y estéril, hace florecer el desierto y fluye para dar vida a los que perecen, es un emblema de la gracia divina que únicamente Cristo puede conceder, y que, como agua viva, purifica, refrigera y fortalece el alma. Aquel en quien mora Cristo tiene dentro de sí una fuente eterna de gracia y fortaleza. Jesús alegra la vida y alumbra el sendero de todos aquellos que lo buscan de todo corazón. Su amor, recibido en el corazón, se manifestará en buenas obras para la vida eterna. Y no sólo bendice al alma de la cual brota, sino que la corriente viva fluirá en palabras y acciones justas, para refrescar a los sedientos que la rodean.

"Cristo empleó la misma figura en su conversación con la mujer de Samaria al lado del pozo de Jacob: 'Pero el que beba del agua que yo le daré no tendrá sed jamás, sino que el agua que yo le daré será en él una fuente de agua que salte para vida eterna'. Juan 4:14. Cristo combina los dos símbolos. Él es la roca y es el agua viva" (Elena G. de White, *Historia de los Patriarcas y Profetas*, p. 388, 389).

7. ¿Cómo revela el mensaje del santuario el verdadero carácter de Dios? (Is 14:12-14; Ez 28:12-19; Ap 12:7-9)

    Desde que la guerra en el cielo empezó, Satanás ha trabajado para calumniar a Dios y asesinar su carácter. El gran conflicto y la disposición del pecado y de Satanás son plenamente mostrados y entendidos a través del santuario.

8. ¿Qué evento en el ministerio de Cristo especialmente mostró su respeto por el santuario? (Mt 21:12, 13; Jn 2:13-16)

Echando a los cambistas y vendedores que profanaban el templo.

9. ¿Qué aconteció cuando Cristo murió, gráficamente mostrando cómo los servicios del santuario terrenal habían cumplido su misión y ahora iban a perder completamente su validez? (Mt 27:45-51)

Cuando Cristo murió, el velo del templo fue rasgado *de arriba a abajo* por una mano invisible.

10. ¿Cómo es la relación de Cristo con el santuario en el cielo? (He 7:28–8:6)

Hoy él sirve como nuestro Sumo Sacerdote en el santuario celestial.

11. El mensaje del santuario tiene la clave para entender el libro de Apocalipsis ¿Qué enseñan los siguientes pasajes acerca del santuario celestial?

a. Ap 1:10-20 – Los siete candeleros, como el candelero de siete brazos en el santuario, son las siete iglesias (Ap 1:20). Aquí vemos a Cristo andando entre los candeleros (Ap 2:1), mostrando su gran amor y cuidado por su pueblo.

b. Ap 4:1-6 – El preludio a los siete sellos revela el trono majestuoso de Dios en el santuario celestial, su dignidad como nuestro Creador, y su derecho de enviar juicios venideros sobre la tierra.

c. Ap 11:18, 19 – Al final de las siete trompetas, el templo de Dios se abre en el cielo y se ve el arca del pacto celestial. Esto demuestra que el santuario celestial, por tanto tiempo ignorado por el hombre, jugará un papel significante en los acontecimientos finales.

d. **Ap 15:1-6** – En este preludio a las siete plagas finales del capítulo 16, los juicios de Dios emanan del templo celestial.

e. **Ap 21:22** – Finalmente, ¡no hay más templo! Todas las mayores líneas de profecía en Apocalipsis vienen del santuario celestial, y el mismo libro está lleno de alusiones a él. Por lo tanto, Apocalipsis brilla para aquellos que entienden el santuario.

Lección 3

Jesús Profetiza la Destrucción del Templo

En la lección anterior vimos cómo el santuario muestra lo más básico de las doctrinas cristianas—la salvación a través del sacrificio expiatorio de Cristo—pero que este proceso de expiación no sería completo sin su segunda venida, la cual estudiaremos en esta lección.

1. Los discípulos sentían gran orgullo por el templo. Su fachada brillante de mármol y su mobiliario hermoso ocupaban el punto más elevado de Jerusalén. Cierto día, cuando estaban dando a Jesús una "excursión" por el templo, Jesús hizo una predicción asombrosa (Mt 24:1, 2). Pocos momentos después, sentados en una colina cercana, ¿con qué pregunta enfrentaron a Jesús? (Mt 24:3)

    "Dinos, ¿cuándo serán estas cosas, y qué señal habrá de tu venida, y del fin del siglo?" Evidentemente, ellos identificaron tal grave acontecimiento con el fin del mundo.

2. ¿Fue el templo destruido antes? Trace esta corta historia del templo judío:

    a. 2 S 7:1-13 – David quería edificar un templo, pero Dios no lo permitió.

b.   1 R 7:51–8:5 – Finalmente el templo fue edificado y dedicado por el rey Salomón.

c.   2 Cr 36:15-21 – Debido a la infidelidad de Israel, el templo fue destruido por los babilonios en 586 A.C.

d.   Esd 3:10-13 – El templo fue reedificado después de setenta años de la cautividad en Babilonia, y después fue completamente renovado y engrandecido bajo el rey Herodes el Grande.

3.   Vimos el gran respeto de Jesús por el templo en la lección anterior, pero porque los judíos en su mayoría rechazaron a su Mesías, el templo fue otra vez condenado. Mateo 23 contiene una serie de "lamentos" contra los escribas y fariseos. ¿Qué dice Jesús acerca de Jerusalén en los versos 37-39?

El dijo que su casa sería desolada. En otras palabras, Israel como nación nunca más sería el pueblo escogido por Dios, a pesar de que israelitas individuales ciertamente podrían ser recibidos en el nuevo Israel espiritual, la iglesia cristiana.

4.   ¿Cuáles fueron las dos partes de la pregunta de los discípulos en Mateo 24:3? Y, ¿cuál fue la respuesta de Jesús en los versos siguientes?

La respuesta de Jesús mezcla la destrucción de Jerusalén y el fin del mundo—un solo acontecimiento en sus mentes, pero en realidad dos eventos separados. Esto ejemplifica el principio del cumplimiento dual, el cual se aplica a muchas profecías.

En una versión de la terrible destrucción que ocurrió en el año 70 D.C. bajo el general romano Tito se lee lo siguiente: "La ciega obstinación de los jefes judíos y los odiosos crímenes perpetrados en el interior de la ciudad sitiada excitaron el horror y la indignación de los romanos, y finalmente Tito dispuso tomar el templo por asalto. Resolvió, sin embargo, que si era posible evitaría su destrucción. Pero sus órdenes no fueron obedecidas. A la noche, cuando se había retirado a su tienda para descansar, los judíos hicieron una salida desde el templo y atacaron a los soldados que estaban afuera. Durante la lucha, un soldado romano arrojó al pórtico por una abertura un leño encendido, e inmediatamente ardieron los aposentos enmaderados de cedro que rodeaban el edificio santo. Tito acudió apresuradamente, seguido por sus generales y legionarios, y ordenó a los soldados que apagasen las llamas. Sus palabras no fueron escuchadas. Furiosos, los soldados arrojaban teas encendidas en las cámaras contiguas al templo y con sus espadas degollaron a gran número de los que habían buscado refugio allí. La sangre corría como agua por las gradas del templo. Miles y miles de judíos perecieron. Por sobre el ruido de la batalla, se oían voces que gritaban: '¡Ichabod!', la gloria se alejó" (Elena G. de White, *El Conflicto de los Siglos*, p. 31).

5. Cuando usted lee Mateo 24, ¿cuántas señales se aplican a la destrucción de Jerusalén o a la segunda venida de Cristo, o a ambos eventos?

    Muchas de estas señales iban a ocurrir en conexión con ambos acontecimientos. Por ejemplo, sabemos de varios mesías falsos que se levantaron antes de la destrucción de Jerusalén, y Pablo dijo en Colosenses 1:23 que el evangelio había sido predicado en todo el mundo en su día, por lo menos el mundo que él conocía.

6. ¿Qué amonestación solemne nos dio Jesús al final de su discurso en Mateo 24 (versículo 44)?

    El les aconsejó que estuvieran siempre listos.

7. Varias parábolas acerca de "estar listos" se encuentran en Mateo 22 y 25. ¿Cuáles son las lecciones que nos trae?

    a. La fiesta de bodas (Mt 22:1-4) – Debemos aceptar el vestido de bodas, la justicia por la fe.

b. Las vírgenes prudentes y las insensatas (Mt 25:1-13) – Necesitamos el "aceite" del Espíritu Santo para prepararnos para el retorno del Esposo.

c. Los talentos (Mt 25:14-30) – La importancia de "invertirnos" a nosotros mismos en nuestro servicio para Dios. Cuando lo hacemos, nos bendice con más talentos.

d. El juicio (Mt 25:31-46) – Nuestras obras de compasión y caridad son reconocidas en el cielo.

Note que según varias parábolas de Jesús, la separación de los malos y justos ocurre solamente durante el fin del mundo, y no cuando uno muere (Mt 13:24-30, 38-43; Mt 13:47-50; Mt 25:31-33).

8. ¿Cómo describe la Biblia la segunda venida de Cristo? (1 Ts 4:13-18; 1 Cor. 15:51-54)

Las escrituras describen la segunda venida como literal y visible, en la cual cada ojo lo verá. No habrá un rapto secreto.

9. ¿Qué significa "como un ladrón en la noche"? (1 Ts 5:2; 2 P 3:10)

Cuando él viene, Jesús toma el mundo por sorpresa.

10. Dios ha prometido una nueva tierra donde por fin seremos libres de Satanás y del pecado. ¿Qué características distinguen el reino de Dios, el cual disfrutaremos por la eternidad? (Ap 21:4)

No habrá muerte, llanto, o dolor en el cielo, No tiene sentido imaginar que la nueva tierra fuera de otra manera. Satanás, el pecado, y los impíos serán completamente eliminados—¡por fin seremos libres!

Lección 4

El Pacto del Arca

Hay un gran malentendido en el mundo cristiano en relación a los pactos de Dios con su pueblo. Esta lección va a explorar la Biblia por importantes conceptos acerca del nuevo pacto.

1. El arca en el santuario/tabernáculo/templo fue llamado "el arca del pacto." Este término se encuentra más de cuarenta veces en la Biblia. ¿A quién pertenecía el arca? (Nm 10:33; Jos 3:11)

   Era el arca del Señor de toda la tierra.

   Muchas veces, como en Josué 3:11, la palabra *Señor* en el Antiguo Testamento significa *Jehová* en el hebreo original.

2. En términos regulares, ¿qué es un pacto? (Gn 9:12-17)

   "Pacto" es un término relacional. Significa un acuerdo entre dos o más personas o grupos. El casamiento es un pacto, como lo son contratos de ventas, tratados entre naciones en guerra, contratos de varios tipos, etc. En este caso, Dios hizo un pacto para salvar a su pueblo. Note: casi todos los pactos son condicionales (véase Dt 28).

3. ¿Cómo llamamos el pacto de Dios con la humanidad? (He 13:20)

   El pacto del amor eterno de Dios.

4. ¿Por qué fue el arca llamada "el arca del pacto"? (Ex 34:28)
   Porque contenía las palabras del pacto, la ley de Dios como
   está escrita en los diez mandamientos, y el propiciatorio.

5. Hay varios pactos en la Biblia, pero en este estudio nuestro
   enfoque está en los pactos que tienen que ver con nuestra salvación. ¿Qué podemos aprender de los siguientes pactos?

   a. El "viejo pacto" entre Dios y el hombre (Gn 2:16, 17) – El
      pacto en el Jardín del Edén fue "obedecer y vivir, desobede-
      cer y morir."

   b. El "nuevo pacto" después que pecaron (Gn 3:15) – Después
      del pecado, el "nuevo pacto" fue la promesa de un
      Salvador.

   c. Una prueba del viejo pacto (Ex 19:4-8; 24:3-7) – Cuando los
      israelitas fueron libertados de Egipto, Dios les llamó a la
      obediencia y a una vida pura en seguirlo. Pero, no les llevó
      mucho tiempo para quebrar el pacto y tornarse a un dios
      visible (Ex 32:19).

   d. El nuevo pacto, guardado en el arca (Ex 25:8-22) – Note
      en especial los versículos 16 y 21, que tratan con la ley y el
      propiciatorio.

6. Los dos principios eternos del carácter de Dios y su reino son
   la justicia perfecta (basada en la ley) y la misericordia perfecta.
   ¿Cuáles son algunos eventos mayores de la historia bíblica que
   trazan estos principios coexistentes?

   a. Gn 3:7, 21 – Hojas de higuera contra pieles de animales.

   b. Gn 4:3-5 – Los esfuerzos del hombre contra hechos de fe.

   c. Gn 22:7-14 – La prueba suprema de Abraham y el principio
      de expiación por substitución.

  d. Ex 29:38, 39; Lv 1:1-5 – El sistema de sacrificios como parte de los servicios del santuario.

  e. Mt 27:46-51 – La muerte de Jesús, el Cordero de Dios.

7. ¿Qué hermoso término es usado en la Biblia para describir la relación cristiana de uno con el Salvador?

  a. Is 54:5 – Dios es nuestro Creador y Esposo.

  b. Ap 21:9, 10 – Somos la novia de Cristo.

  c. Ef 5:22-23 – La relación matrimonial simboliza nuestra unión con Cristo.

8. ¿Fueron salvadas las personas en el Antiguo Testamento en forma diferente que las en el Nuevo Testamento? (Is 55:6, 7; Sal 51) Mucha gente lucha con la idea de las obras versus la fe, la ley versus la gracia, etc., pero el hecho es que *¡no hay otra manera de ser salvo excepto por la gracia!* Gente en los dos lados de la cruz trataron de salvarse por sus obras, sean actos buenos o ritos religiosos, pero ¡nuestras obras nunca son suficientes! Solamente la sangre de Jesús puede salvar.

9. ¿Cuáles son las importantes diferencias entre la ley de los diez mandamientos y la ley ceremonial?

  a. Los diez mandamientos (Ex 25:16, 21; 31:18; 40:20; Dt 9:10) – Los diez mandamientos fueron escritos por el dedo de Dios en tablas de piedra, y colocados en el arca.

  b. La ley ceremonial (Dt 31:26) – La ley ceremonial fue escrita en rollos y colocada fuera del arca.

10. Está la ley ceremonial todavía en vigencia? (He 9:9-12; Col 2:14; Ef 2:15; He 10:1)

La "ley ceremonial" contenía varias ordenanzas que tenían que ver con la vida civil, matrimonios, salud, etc., muchas de las cuales son independientes del tiempo y mantienen su valor, pero tienen solamente una influencia indirecta para nuestra salvación. Las leyes de las ceremonias, que prefiguraron la muerte de Jesús, perdieron su validez cuando Cristo murió.

11. Está la ley moral de los diez mandamientos todavía en vigencia? (Sal 19:7; Is 42:21; Mt 5:18; Ro 7:12; 3:31)

Los principios morales de los diez mandamientos son eternos. Representan el verdadero carácter de Dios, expresados como leyes. Sin ellos no tendríamos guía en cuanto a nuestro comportamiento humano. Siguiéndolos, con la ayuda de Cristo, es nuestro objetivo. Y cuando fracasamos, ¡tenemos un Salvador listo a perdonarnos e indicarnos la dirección correcta! Si abolimos esta ley, no necesitamos a un Salvador, y no tenemos una base para el juicio final.

12. ¿Qué principios del nuevo pacto son importantes para nosotros hoy?

   a. Jer 31:31-34; Ez 36:26, 27 – Dios quiere escribirlo en nuestros corazones.

   b. Lc 22:20 – La Santa Cena nos recuerda del nuevo pacto cada vez que la observamos.

   c. He 8:1-6; Ap 11:15-19 – Jesús es ahora el Mediador del nuevo pacto.

13. ¿Qué debo hacer para empezar mi jornada con Cristo y entrar en una relación de pacto con él? (Hch 16:31; Ro 10:9; Col 2:12; Gá 3:27)

Debemos creer en Dios y confesar nuestros pecados para poder aceptar su don de la salvación. Entonces podemos ser bautizados como testimonio público de nuestra decisión de morir al yo y vivir por Dios.

Lección 5

El Ambiente del Arca

El arca del pacto no fue el único aspecto del santuario. Esta lección enfoca en otros mobiliarios y su significado. Dios mismo, quien diseñó el santuario, dio a cada objeto un significado profundo. El santuario, después de todo, no era una iglesia o lugar de asamblea como tenemos hoy en día; pero como fue mencionado en la lección 2, el santuario era una gran ayuda visual divina, cuyo propósito fue de mostrar varias facetas de su carácter de amor y su plan para salvar una humanidad caída.

1. ¿De dónde vino el diseño para el primer santuario, o tabernáculo? (Ex 25:1-9; 26:30)

    Dios dio a Moisés un diseño detallado, y Moisés dirigió la construcción. Nuestro Dios "invisible" precisaba alguna visibilidad entre el pueblo para su propio beneficio (Ex 29:42, 43). Muchas religiones han tenido sus templos y ritos falsos, y los israelitas no eran diferentes. Tornaron el beneficio de poder encontrarse con Dios en un juego de ritos.

2. ¿Nota usted alguna cosa diferente en la reseña de Pablo en Hebreos 9:1-10? (Véase también Ex 31:1-11)

    Note la palabra "símbolo" en versículo 9. Era para ser temporal, "para el tiempo presente". No sólo el santuario y su mobiliario, sino cada servicio y rito conducido allá fue una profecía de acontecimientos futuros en el plan de la salvación.

3. A Dios le interesan los detalles. Ni un solo elemento del santuario fue dejado a la imaginación de los obreros. ¿Cuáles son algunos de los aspectos que usted observa en cada una de las áreas?

   a. El atrio (Ex 27:9-19) – Fue definido en todo lado por cortinas hermosas en un marco de bronce y con pendientes de plata. Es útil leer los versículos en esta pregunta en una versión moderna. También note que había una razón muy especial porque la entrada al santuario era siempre en el este. Fue para que la gente entrara de mañana con sus espaldas hacia el sol, justamente el opuesto de los templos paganos que practicaron la adoración del sol.

   b. El propio tabernáculo (Ex 26) – El tabernáculo propio también era formado por cortinas hermosas y pieles de animales, tanto alrededor como por cima, bien como un marco de madera de acacia.

   c. El velo (Ex 26:31-35; 30:6) – El velo separaba el lugar santo del lugar santísimo, y cuidado especial era tomado para bordarlo con figuras de ángeles.

   d. El altar del sacrificio (Ex 27:1-8) – El altar de sacrificio estaba en el atrio, y los sacrificios fueron ofrecidos allá.

   e. El lavatorio (Ex 30:17-21) – El lavatorio era donde los sacerdotes se lavaban antes de entrar al santuario.

f.   La mesa del pan de la proposición (Ex 25:23-30) – Esta
     era una mesa hecha de madera de acacia cubierta de oro,
     sobre la cual eran colocados diariamente el pan especial sin
     levadura.

g.   El candelero de oro (Ex 25:31-40) – Tenía siete brazos, no
     nueve como la menorah judía.

h.   El altar del incienso (Ex 30:1-10) – Aunque el altar de in-
     cienso estaba físicamente en el lugar santo, era considerado
     parte del lugar santísimo (véase He 9:3, 4).

i.   El arca del pacto (Ex 25:10-22) – La lección del arca es que
     la justicia y la misericordia son perfectamente unidas.

j.   Las vestiduras de los sacerdotes (Ex 28, especialmente ver.
     29, 30) – El sacerdote era vestido de una manera que repre-
     sentaba el pueblo a Dios, y Dios al pueblo.

4.   Ahora vamos a "entrar" en el santuario. ¿Cómo simbolizaron a
     Jesús las siguientes cosas?

     a.   El altar de sacrificio (Jn 1:29; He 7:25-27; 9:12) – Jesús, el
          sacrificio.

     b.   El candelero de oro (Jn 8:12) – Jesús, la luz del mundo.

     c.   La mesa del pan de la proposición (Jn 6:41-51) – Jesús, el
          Pan de la Vida.

     d.   El sacerdote (He 8:1, 2; 9:11, 12, 24) – Jesús es ambos, el
          sacrificio y el sacerdote.

5. Dos tipos mayores de sacrificios fueron ofrecidos en el santuario. ¿Cuáles fueron?

   a. Ex 29:38-46 – Los sacrificios de mañana y de tarde para la congregación entera.

   b. Lv 4:1-6 – El pecador como individuo podría traer un sacrificio.

6. Seis solemnes convocaciones especiales o "fiestas" fueron llevadas a cabo durante el año calendario, tres en la primavera y tres en el otoño. ¿Que significaron?

   a. La pascua y de los panes sin levadura (Lv 23:4-8; 1 Co 5:7) – La muerte de Cristo.

   b. La fiesta de los primeros frutos (la cosecha) (Lv 23:9-14; Mt 27:50-53) – La resurrección de Cristo.

   c. La fiesta de pentecostés (Lv 23:15-22; Hch 2:1-4) – La venida del Espíritu Santo.

   d. La fiesta de trompetas (Lv 23:23-25) – La preparación para el juicio.

   e. El día de expiación (Lv 23:26-32; 16:29. 30) – El juicio.

   f. La fiesta de los tabernáculos (Lv 23:33-34) – Nuestra liberación final.

7. Note que el sábado semanal es mencionado separadamente en Levítico 23:3. ¿Por qué, piensa usted, es el sábado destacado así por sí mismo?

   El sábado es destacado porque el día de descanso de los diez mandamientos de ninguna manera era parte de la ley ceremonial.

8. Al estudiar el santuario, llega a ser cada vez más claro que Dios quiere enseñarnos dos grandes principios de la salvación. ¿Cuáles son?

   a. El plan de Dios para salvarnos individualmente.

   b. El plan de Dios para rescatar el planeta Tierra y restaurar su reino.

9. ¿Cómo se muestra esto en el gran diseño del santuario?

   a. El lugar santo y el servicio "diario" (He 9:6) – Cada día el sacerdote proveía expiación para los individuos al servir en el lugar santo.

   b. El lugar santísimo y el servicio "anual" (He 9:7) – Una vez al año en el día de expiación, el sacerdote iba a oficiar en un drama que representaba la disposición final del pecado y de Satanás. Estudiaremos esto en detalle en la próxima lección.

10. ¿Qué lección importante puede entenderse del santuario, especialmente del candelero de oro? (Sal 119:105)

    ¡Ore usted para que siempre permita a la Palabra de Dios ser su lámpara, iluminando el sendero de su vida, hasta que Jesús venga!

El Santuario Terrenal

"El santuario era y es a la vez drama y profecía."

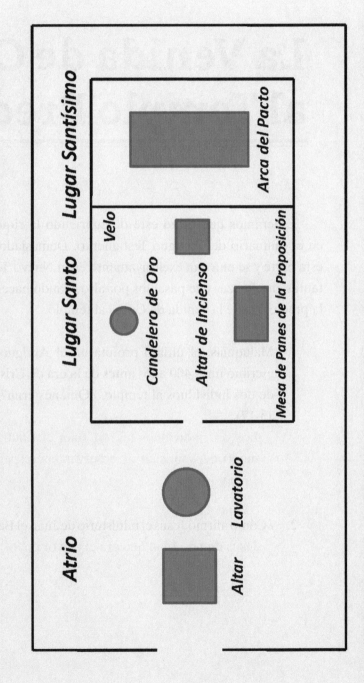

Atrio

Altar

Lavatorio

Lugar Santo   Lugar Santísimo

Velo

Candelero de Oro

Altar de Incienso

Mesa de Panes de la Proposición

Arca del Pacto

Lección 6

La Venida de Cristo al Templo Predicha

Esperamos que usted esté descubriendo la riqueza del simbolismo en el santuario del Antiguo Testamento. Demasiados cristianos ignoran esta parte y se enfocan exclusivamente en el Nuevo Testamento. Pero hay tantas enseñanzas que pasamos por alto cuando hacemos eso, incluyendo la predicción de la venida de Cristo al templo.

1. Malaquías, el último profeta en el Antiguo Testamento, quien escribió unos 400 años antes de la era de Cristo, predijo la venida de dos individuos al templo. ¿Quiénes eran? (Mal 3:1; Mt 3:1-3, 13-17)

   Los dos individuos fueron Juan el Bautista y Jesús. Note el modo de bautismo al observar las respectivas posiciones de Juan y Jesús.

2. ¿Cómo afirmó Jesús el ministerio de Juan el Bautista? (Mt 11:7-11)

   Jesús dijo de Juan que era el mayor de los profetas.

3. ¿Qué profecía de Malaquías usó Jesús en referencia a Juan el Bautista? (Mal 4:5, 6; Jn 1:19-23; Mt 11:12-14)

   Muchos estudiosos bíblicos creen que Malaquías 4:5, 6 fue aquí solamente parcialmente cumplido, por causa de las palabras "antes que venga el día de Jehová, grande y terrible". Hay todavía un "mensaje de Elías" para nuestro día.

4. ¿Vino Jesús a la tierra a cierta hora de la historia? (Gá 4:4, 5; Mr 1:14, 15)

   ¡Ciertamente! Dios es un Dios de orden y diseño. Nada le toma de sorpresa.

5. La Biblia contiene algunas profecías vinculadas a tiempos particulares, y nosotros vamos a mirar una de ellas. ¿Qué precedente tenemos para interpretar el factor tiempo en cierta manera? (Ez 4:1-6)

   Es bueno acordarse aquí que la nación, debido a guerra civil siglos antes, se había dividido en dos partes—Judá e Israel. Israel era el reino del norte, y por causa de su apostasía Dios les permitió ser invadidos y destruidos por Asyria en 722 A.C. Judá fue sitiada por los babilonios en 605 A.C., y su gente llevada al exilio (véase también Nm 14:34).

6. Este es, entonces, el principio de "un día por un año", lo que se puede aplicar con seguridad a varias profecías de tiempos. Daniel fue uno de los exiliados quien se destacaba en aquel ambiente y fue elevado a una posición de liderazgo en el gobierno de Babilonia, y más adelante en el gobierno sucesor de Persia. ¿Cual es el orden de eventos bosquejado en Daniel 9?

   a. Dn 9:1, 2; Jer 25:11, 12 – Daniel reconoció las escrituras inspiradas de Jeremías, quien quedaba atrás en la patria, que la cautividad de setenta años iba a terminar pronto.

b. Dn 9:3-19 – Daniel ayunó y oró que el Señor de alguna forma cumpliera su palabra.

c. Dn 9:20-23 – El ángel Gabriel vino a confortarlo e iluminarlo con respecto a "la visión", refiriéndose a la visión del capítulo 8. Estudiaremos esta visión en la próxima lección.

7. Al interpretar el significado de las palabras de Gabriel, vemos una profecía de tiempos que precisamente predijo la primera venida de Cristo. Si nuestra regla de profecía de tiempo es verdadera, que un "día" profético es igual a un año literal, ¿cuántos años significaría la profecía de setenta semanas? Y, ¿qué significan las frases "están determinadas" y "sobre tu pueblo"? (Dn 9:24)

El número de años en total fue 490—el tiempo de prueba de los judíos. "Están determinadas" significa literalmente "son cortadas". Y la frase "sobre tu pueblo" se refiere a los judíos, quienes eran "el pueblo de Daniel."

8. ¿Qué debían cumplir durante ese período de setenta semanas? ¿Tuvieron éxito? (Dn 9:24; Mt 23:37-39)

Tenían que arrepentirse de sus pecados y aceptar a Jesús como el Mesías prometido. El lenguaje usado aquí por Cristo, bien conocido por los judíos, se refiere a divorcio.

9. ¿Qué acontecimiento iba a señalar el comienzo de la profecía? (Dn 9:25)

Habría un decreto para restaurar y edificar la ciudad de Jerusalén.

10. ¿Quién dio el decreto que fue el catalizador de la profecía? (Esd 7:11-26)

    Había otros decretos, pero en 457 A.C. el rey Artajerjes de Persia financió el retorno de los judíos y la reconstrucción de Jerusalén.

11. ¿Cuándo debía el Mesías, Jesús, venir a su templo? (Dn 9:26)

    Debía llegar después de sesenta y nueve años.

12. ¿Qué le pasaría al templo algunos años después de la muerte de Jesús? (Mt 24:1, 1, 15-20)

    Sería destruido por los romanos.

13. ¿Cómo iba Cristo "por otra semana confirmar el pacto" con los judíos? (Mt 10:5, 6; Hch 13:42-46)

    Durante siete años los judíos fueron el blanco del mensaje del evangelio. Esto incluía los tres años y medio del ministerio de Jesús seguido por tres años y medio del ministerio de los após- toles. Después de esto, aunque los judíos podrían aceptar el don de la salvación de Cristo individualmente, los apóstoles enfocaron sus esfuerzos en los gentiles.

14. El pacto de Dios con Israel, ¿era condicional o incondicional? (Dt 28:1, 2, 15, 16)

    Condicional.

15. ¿Cuándo exactamente murió Cristo en el Calvario? (Dn 9:27)

    El murió en 31 D.C. en el medio de la "semana" de la Pascua.

16. ¿Qué evento mostró que los sacrificios en el templo fueron aboli- dos, por lo menos a los ojos de Dios? (Mt 27:51)

    El velo del templo fue rasgado de arriba para abajo.

17. ¿Quiénes son el pueblo de Dios hoy? (Gá 6:15, 16; 3:27-29;
    Ro 9:6-8; 11:5, 13-17, 26)

    Todos los que creen en Dios y guardan sus mandamientos son
    su pueblo, el Israel espiritual.

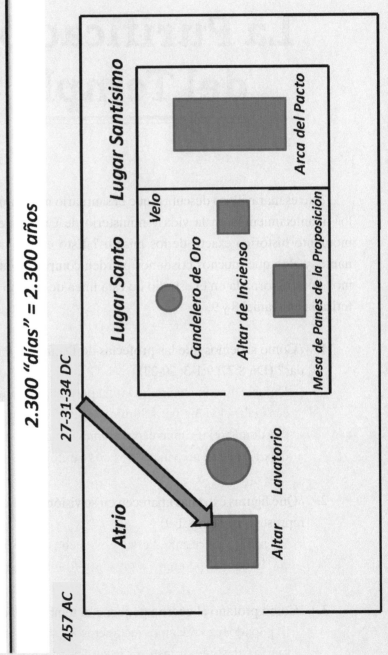

"A la mitad de la semana hará cesar el sacrificio y la ofrenda."
– Dan. 9:27

70 "semanas" = 490 años

2.300 "días" = 2.300 años

457 AC

27-31-34 DC

Lugar Santo

Lugar Santísimo

Atrio

Lavatorio

Altar

Candelero de Oro

Altar de Incienso

Mesa de Panes de la Proposición

Velo

Arca del Pacto

Lección 7

La Purificación del Templo

¿No es maravilloso descubrir que el santuario no solamente mostraba los acontecimientos en la vida y ministerio de Cristo, pero también el momento histórico exacto de los mismos? Esto es una noticia emocionante, y algo que muchos cristianos pierden completamente. Hoy seguimos nuestra jornada en el estudio de esta línea de tiempo increíble, profetizada en Daniel 8 y 9.

1. ¿Cómo sabemos que las profecías de Daniel 8 y 9 están conectadas? (Dn 8:27; 9:1-3, 20-23)

   Daniel 8 termina con un Daniel perplejo y confundido. Entonces Gabriel viene para iluminarle en el comienzo del capítulo 9. Además, el término especial *mareh* (visión), que Gabriel usa, inextricablemente vincula los dos capítulos.

2. ¿Qué figuras extrañas aparecen en su visión en el capítulo 8, y qué representan? (Dn 8:1-9)

   El carnero representa Persia y el macho cabrío representa Grecia. El cuerno pequeño representa Roma, o sea el papado.

3. ¿Cómo profanó el cuerno pequeño el templo? (Dn 8:10-12)

   El papado hizo reclamos jactanciosos y sacó el enfoque del santuario celestial por instituir la confesión y la misa.

4. ¿Cuánto tiempo sería hasta que la verdad del santuario fuera restaurada? (Dn 8:13, 14)

Sería restaurada en 2.300 días proféticos, lo que equivale a 2.300 años literales.

5. ¿Cuándo empezó ese período? (Dn 9:25)

Empezó en 457 A.C. En otras palabras, las setenta semanas determinadas para los judíos fueron cortadas de los 2.300 días.

6. El término "purificación del santuario" fue bien entendido por judíos a referirse al día de expiación, el cual a su vez significaba el juicio. Una vez al año ese drama tomaba lugar, en una ceremonia que enfocaba en el lugar santísimo. ¿Qué significaba esta ceremonia? (Lv 23:26-32; 16:29, 30)

Esta ceremonia significaba la muerte expiatoria de Cristo (el macho cabrío), la vuelta de todos los pecados confesados sobre la cabeza del perpetrador, Satanás (Azazel), y su exilio y muerte.

7. Los servicios en el santuario son divididos en dos partes básicas: los "diarios" y los "anuales." ¿Qué representaban los servicios diarios? (Mk. 15:33-39)

La muerte de Cristo y su ministerio celestial.

8. Entonces, si el servicio diario es profético, ¿qué profetiza el servicio anual? (Ap 20:11-15)

El servicio anual predecía el juicio final y la disposición del pecado y de Satanás, el término del gran conflicto, y la restauración completa de la tierra y el universo.

9. Note la profecía de Daniel acerca del juicio. ¿Qué ocurre antes del retorno de Cristo a la tierra? (Dn 7:9, 10)

    El juicio tendría que completarse antes de que Cristo volviera, porque él trae sus galardones consigo.

10. ¿Qué ceremonia solemne del santuario demuestra la gracia salvadora de Dios? (Lv 16:7-10)

    El día de expiación era una demostración activa del plan de la redención.

    a. ¿A quién representa el macho cabrío de Jehová? – Jesús

    b. ¿A quién representa el otro macho cabrío, Azazel? – Satanás

    c. ¿Cuándo muere el cabrío del Señor? (Lv 16:8, 9; Jn 19:28-30) – Cuando Jesús murió en la cruz.

    d. ¿Cuándo muere Azazel? (Lv 16:10; Ap 20:7-10) – El otro macho cabrío, Azazel, era exiliado en el desierto como representación de la hora cuando Satanás estará solo aquí en la tierra desolada durante el milenio, cuando los salvos están en el cielo con Jesús. Satanás no muere hasta después del milenio.

11. Algunos creen que los dos cabríos representan a Cristo. Si ambos cabríos tenían que ser perfectos, ¿cómo puede Azazel representar a Satanás? (Ez 28:12-15)

    Satanás era una vez perfecto antes de rebelarse contra la ley del amor de Dios y escogió su propio camino.

12. Entonces, ¿en qué sentido llevaba Azazel los pecados del pueblo? (Lv 16:15-22)

    La palabra "expiación" usada aquí significa "resolviendo todas las cosas". Hay tres distintas fases aquí mostradas: (1) mi expiación personal, al mirar atrás para el sacrificio de Cristo y pedir perdón por mis pecados; (2) mi completa exoneración frente al acusador (Satanás) en el día del juicio final; y (3) la disposición final del pecado y de Satanás y la restauración del universo de Dios. Nunca jamás se levantará el pecado. Esta es muy buena noticia, y esta es expiación en su sentido más pleno.

13. ¿Qué aconteció en 1844 que lo hace un momento significativo en la profecía bíblica? (Ap 10:8-11)

El "librito" profetizado en Apocalipsis 10 indudablemente fue el libro de Daniel. Su mensaje sobre "la purificación del santuario" se pensaba que iba a ser la segunda venida de Cristo, y así los creyentes primitivos "dulcemente" esperaban su retorno en 1844. El "gran chasco" tornó sus esperanzas en amargura, hasta que comprendieron la verdad del santuario. Más información se encuentra en las notas que acompañan la lección 12.

Siguiendo el simbolismo del santuario a su conclusión lógica, creemos que una parte del juicio empezó en 1844. Lo llamamos el "juicio investigador", porque Cristo está preparándonos para su venida. Hay un sentido definitivo en que nosotros también debemos "afligir nuestras almas" como hicieron los israelitas en el día de expiación, tomando en serio la vida y viviendo para Jesús.

14. ¿Tendremos que tratar con el pecado alguna otra vez? (Nah 1:9)

No. Al fin del milenio, Dios destruirá Satanás, el pecado, y los pecadores de una vez y para siempre.

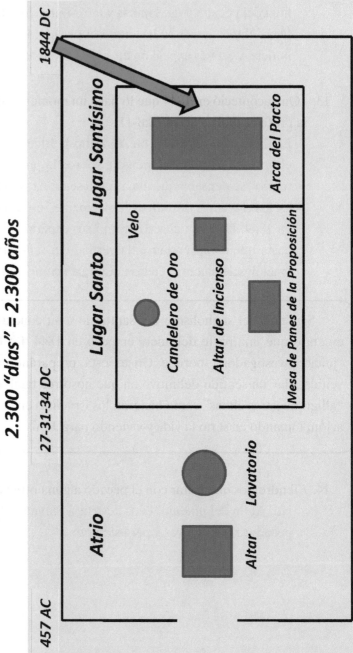

Lección 8

El Contenido del Arca

En la primera lección nos referimos brevemente al contenido del arca del pacto, pero ahora vamos a observar sus significados más profundos. El arca fue la cosa más santa en el santuario porque representaba la misma presencia de Dios.

1. ¿Cómo fue construida el arca?

   a. ¿Cuál fue su tamaño? (Ex 25:10) – Medía aproximadamente 114 centímetros de largo, 68.5 de ancho, y 68.5 de altura.

   b. ¿De qué fue hecha? (v. 10, 11) – Madera de acacia forrada con oro.

   c. ¿Cómo tenía que ser transportada? (v. 12-15) – Usaban varas largas colocadas en anillos.

   d. ¿Qué estaba dentro del arca? (v. 16) – Los diez mandamientos.

   e. ¿Qué estaba encima del arca? (v. 17-21) – El propiciatorio y los querubines.

    f.   ¿Qué actividad tenía que tomar lugar ante el arca? (v. 22) – Dios iba a encontrarse con Moisés.

2. ¿Qué otros objetos más tarde serían añadidos al arca? (He 9:4; Ex 16:33, 34; Nm 17:1-10) Un cofre del maná y la vara de Aarón.

3. ¿Qué representan los siguientes objetos en relación a Dios y su carácter?

    a.   Los diez mandamientos – Santidad, pureza, justicia, ley y orden.

    b.   El maná – Providencia, bondad.

    c.   La vara de Aarón – Autoridad.

    d.   El propiciatorio de oro – Misericordia, gracia, perdón, amor.

    e.   Los querubines – Adoración, reverencia.

4. ¿Por qué es importante para nosotros tener una verdadera imagen de Dios? (Is 14:12-15) El enfoque total del "gran conflicto" es sobre el carácter de Dios y si él es fiel a su palabra. Satanás quiere nada más que difamar el carácter de Dios y hacernos creer sus mentiras, que Dios es injusto y un Dios de venganza.

Todos hemos oído declaraciones como ésta: "Si existiera Dios, él no permitiría..." Satanás se deleita en tales asaltos al carácter de Dios. La verdad es que Dios es el sanador y libertador, y Satanás quien destruye y hace guerra.

5. ¿Qué vislumbre da la declaración de Jesús a sus discípulos acerca del hombre ciego y sus sufrimientos? (Jn 9:1-5)

   Nos dice que Dios no castiga por el pecado al enviar enfermedad o calamidad. Es verdad, sin embargo, que a veces nuestros pecados tienen consecuencias físicas o de otro tipo.

6. ¿Qué dijo el apóstol Pablo acerca de su lucha con la enfermedad y el papel de Satanás? (2 Co 12:7-10)

   Dijo que fue Satanás quien causó sus aflicciones personales, no Dios. Siguió diciendo que a veces Dios usa estas aflicciones para enseñarnos aspectos importantes de nuestros caracteres, tales como la humildad, dependencia, paciencia, etc.

7. ¿Qué nos enseña la historia de Job acerca de la actividad de Satanás en el mundo? (Job 1:6-12)

   Que los problemas y pruebas de Job fueron causados por Satanás.

Si Dios de repente fuera a cancelar toda la miseria del mundo, la pobreza, las enfermedades, la muerte, nosotros no desearíamos el cielo. Y si Dios sanara solamente los cristianos, entonces mucha gente iba a ser cristianos por razones erradas.

---

8. Volviendo al arca, ¿cuáles son los dos principios básicos que nos enseña?

   a.   a. Los diez mandamientos (Ap 14:12; 22:14; Mt 5:17, 18; Ro 3:20, 31; 7:12) – Los mandamientos son diez eternos principios o leyes morales que describen el carácter de Dios de justicia y virtud y por cual es necesario, con su ayuda, vivir.

b.   b. El propiciatorio de oro (Ro 3:23, 24; 5:1; Stg 2:10-12; 1 Jn 1:9) – Este significa la gracia y perdón de Dios. El nos da poder sobre la pena del pecado, y poder para vivir victoriosamente sobre el pecado.

9.   ¿Cómo se presentó a sí mismo Dios a Moisés? ¿Qué característi-cas usó Dios para describirse? (Ex 34:5, 6; Sal 85:10)

Apareció en una nube y declaró su nombre "Jehová". Se describió como misericordioso y lleno de gracia, tardo para la ira, grande en misericordia y verdad.

10. ¿Cuál otra característica de Dios es resaltada en la Biblia? (Sal 115:1-8)

Su poder como Creador, y la futilidad de los dioses falsos.

11. ¿Hay alguna cosa en el arca del pacto que se refiere a Dios como nuestro Creador? (Ex 20:8-11)

El cuarto mandamiento, en el propio corazón de los diez, describe plenamente a Dios como Creador, y nos insta a adorarlo en el día que él santificó desde el comienzo, como reconocimiento de su autoridad como Creador del universo.

12. ¿Qué nos enseñan los siguientes pasajes acerca del día de reposo o sábado?

a.   a. Gn 2:1-3 – Un punto importante de este versículo es que esto fue establecido miles de años antes de que los judíos fueran un pueblo.

b.   Mr 2:27, 28 – Jesús, nuestro Creador, afirmó que él es Se-ñor del sábado.

c.   Ex 16:23-29 – El sábado fue conocido por los judíos *antes* de que la ley fue dada en Éxodo 20.

d. Neh 13:15-22 – Nehemías fue campeón del sábado durante el retorno de los judíos.

e. Hch 13:42-44; 16:13 – Pablo conmemoraba el sábado, aun entre los gentiles.

f. He 4:8, 9 – El libro de Hebreos afirma la conmemoración del sábado, al final del primer siglo.

g. Is 66:22, 23 – ¡Observaremos el sábado en la nueva tierra!

13. Si la observancia de la ley no nos salva directamente, ¿qué hay de bueno con la ley?, y ¿debemos seguirla? (Stg 1:22-25; Ro 3:20)

La ley es como un espejo. Revela nuestro pecado y nos dirige a la cruz para obtener el perdón. Sin la ley no tendríamos una manera de distinguir entre el pecado y la justicia.

"El precioso registro de la lay fue colocado en el arca del pacto y todavía está allá, seguramente escondido de la familia humana. Pero en la hora designada por Dios, él traerá a la luz estas tablas de piedra para ser testimonio a todo el mundo contra el desprecio de sus mandamientos y contra la adoración idólatra de un sábado falsificado" (Elena G. de White, *Manuscript Releases*, vol. 8, p. 100; traducción nuestra).

Parábolas del Reino

La gente de los días de Jesús, incluyendo sus propios discípulos, tenían algunas nociones muy distorsionadas con respecto al reino de Dios. Estaban buscando a un mesías quien iba a derribar a los opresivos romanos y restaurar la nación a la grandeza terrenal. En esta lección vamos a explorar algunas parábolas que Jesús contó, mientras él pacientemente explicaba la verdadera naturaleza de su reino y los acontecimientos finales que lo traerían.

1. ¿Qué nos enseñan las siguientes parábolas de Jesús acerca del tiempo del día de juicio?

    a. El trigo y la cizaña (Mt 13:24-30, 36-43)

    b. La red (Mt 13:47-50)

    c. El juicio final (Mt 25:31-34, 41)
    Todas estas parábolas indican el juicio, el cual ocurre en el fin del mundo cuando Cristo vuelva. Entonces, y solamente entonces, existe la separación entre los justos y los impíos. Por lo tanto, es imposible que esta separación ocurra en la hora de la muerte. Eso también nos da una vislumbre de la justicia de Dios, que todos reciben su galardón o pena en un solo momento. ¿Cómo podría uno ir al cielo o al infierno antes de ser juzgado?

2. ¿Qué podemos aprender de los siguientes pasajes?

    a. Dn 7:9, 10 – Indudablemente, hay un día de juicio.

b. Hch 24:15 – El juicio ocurre junto con la resurrección. Note el versículo 25 y la reacción de Félix.

c. Mr 13:24-27 – Jesús plenamente enseña que los justos no son reunidos hasta su venida.

d. Jn 5:28, 29 – La resurrección ocurre en un momento particular de tiempo, referido como la "hora".

e. Hch 2:29-35 – Aún el rey David está muerto y sepultado, esperando la segunda venida de Cristo y la resurrección de los justos.

f. 1 Co 15:51-54; 1 Ts 4:13-17 – Pablo gráficamente demuestra la resurrección a la segunda venida.

3. En la lección 7 aprendimos que una parte del juicio empezó en el año 1844. ¿Qué involucra esto? (Dan. 7:9, 10)

El juicio generalmente ocurre en fases distintas: (1) juicio; (2) veredicto; (3) sentencia; (4) ejecución. Por lo tanto creemos que una fase del juicio empezó en 1844. Lo llamamos el "juicio investigador". Es una parte muy importante de la venida de Cristo.

4. ¿Cuándo ocurre la fase del veredicto? (2 Ts 2:8; Ap 6:15-17)

En la hora cuando Cristo venga.

5. ¿Es eso todo para los injustos? ¿Cuál es el orden de eventos bosquejado en Apocalipsis 19 y 20?

a. Ap 19:11-16 – Cristo volverá a la tierra.

b. Ap 19:17-21 – Los impíos van a morir con el brillo de su venida.

c. Ap 20:1-3 – Satanás estará preso por mil años.

    d. Ap 20:4-6; 1 Co 6:2 – Los salvos participan en una forma de juicio en el cielo durante el milenio.

    e. e. Ap 20:7-14 – Los malos resucitarán, son sentenciados, y destruidos, junto con Satanás.

6. El libro entero de Apocalipsis está lleno de alusiones al santuario. ¿Qué nota usted en los siguientes pasajes?

    a. Ap 1:9-20 – La introducción a la profecía de las siete iglesias.

    b. Ap 4 – La introducción a la profecía de los siete sellos.

    c. Ap 8:1-6 – La introducción a la profecía de las siete trompetas.

    d. Ap 11:1-3 – La introducción a la profecía de los dos testigos.

    e. Ap 15:5-8 – La introducción a la profecía de las siete plagas. Todas estas líneas de profecía empiezan en el santuario celestial. Hay mención de candeleros de oro, el trono de Dios, ángeles, un altar de incienso, el atrio, etc.

7. ¿Qué acontecimiento es descrito en Apocalipsis 14:14-16? La segunda venida de Cristo.

8. ¿Quiere Dios tomarnos desprevenidos con su venida, o será que él nos da amonestaciones? (Mt 24;25; Jon. 3:1-4) Dios siempre amonesta a su pueblo antes de los juicios por venir.

9. ¿Cómo amonesta Dios al mundo justo antes de la venida de Cristo? (Ap 14:6-13) Dios envía tres ángeles para amonestar a su pueblo. Los adventistas del séptimo día se refieren a esto como "el mensaje de los tres ángeles". ¡No hay otra denominación que enseña esto!

10. Ahora vamos a examinar el mensaje de los tres ángeles en algún detalle. ¿Cuáles son los componentes del mensaje del primer ángel? (Ap 14:6, 7)

    a. Volando en el medio del cielo – Un mensaje de extrema urgencia.

    b. El evangelio eterno – Se refiere al pleno evangelio, toda la historia del comienzo al fin.

    c. A toda nación – Un mensaje universal, designado para todos, en todas partes.

    d. Temed a Dios, y dadle gloria – Un mensaje centrado en Cristo, no humanista.

    e. La hora de su juicio – Ahora es el tiempo de prepararse, no después.

    f. Adorad al Creador – Esto habla del poder creador de Dios y comprueba su autoridad (Sal 115:1-8).

11. ¿Que aprendemos en el mensaje de segundo ángel? (Ap 14:8; véase también Ap 17 y 18, especialmente 18:1-4)

Leemos acerca de la caída de "Babilonia", la cual significa aquellos que se oponen a Dios y a su pueblo.

12. ¿Qué proclama el tercer ángel? (Ap 14:9-11)

Proclama acerca de la marca de la bestia y la destrucción de los impíos. Dios sella a su pueblo en Apocalipsis 14, y marca a los impíos.

13. En contraste directo a los impíos en Babilonia, ¿cómo es la descripción de los salvos justo antes de la venida de Cristo? (Ap 14:12, 13)

Los salvos reflejarán el carácter de Dios, una combinación perfecta de la ley y la gracia, obras y fe—*¡exactamente como el arca del pacto!*

Lección 10

Santidad al Señor

Cuando el pueblo de Israel fue libertado de centenas de años de esclavitud en la tierra de Egipto, en gran manera había perdido su fe y tenía que ser completamente reeducado en las cosas del Señor y en los principios básicos de la vida. Hay notables excepciones que incluyen a los padres de Moisés y una minoría de israelitas fieles, porque sabemos que Dios siempre ha preservado sus verdades a través de la historia, aunque a veces fue en secreto. Una vez que los israelitas estaban acampados en el desierto, no fue entonces práctico que cada familia observara individualmente los ritos de sacrificios en casa; fue así que se introdujo el sistema del santuario. Esta lección resalta el concepto de santidad.

1. ¿Cuál signo de santidad era parte de las vestiduras del sacerdote? (Ex 28:36-38; 39:30, 31)

   Las palabras "santidad al Señor" fueron inscritas en su vestidura.

2. ¿Qué significa ser "santo"? (1 P 1:16; Mt 5:48)

   Ser santo significa puesto aparte, justo, perfecto. En un sentido, la santidad es un objetivo que el ser humano no puede alcanzar; en otro es totalmente alcanzable cuando somos perdonados por la gracia de Dios.

3. ¿Cómo empezó Dios a revelar su plan de santidad al pueblo a través de Moisés? (Ex 3:1-5)

   En la zarza ardiente. Vamos a recordar que es difícil que la gente suba más alto que el líder. Un liderazgo santificado es crucial.

4. ¿Cómo fue que Dios colocó este ideal ante toda la gente?
   (Ex 19:3-6; 20:8)

   Debían ser un reino de sacerdotes. Tenían que ser ejemplos
   para las naciones de alrededor y traer a otras personas al Señor.
   No tenían que llegar a ser un club exclusivo. El sábado era para
   recordarles de la necesidad de la santidad, dejando de lado sus
   actividades personales por un día cada semana.

5. ¿Qué experiencia durante la jornada a Canaán subrayó la urgencia del concepto de santidad? (Lv 10:1-10)

   Los hijos de Aarón se descuidaron de la santidad de su
   posición. Dios tenía que hacer de Nadab y Abiú un ejemplo,
   para mostrar al pueblo la seriedad de la santidad (véase en
   especial el versículo 10).

6. ¿De qué otra manera fue la santidad reflejada en su manera de
   vivir? (Lv 11:44-47; Hch 10:9-16, 28)

   Estas palabras vienen al final de un capítulo entero sobre la
   comida. Al estudiar las otras "leyes de Moisés", usted va a
   encontrar discusiones de varios temas: la salubridad del cam-
   pamento, el tratamiento de los muertos, cómo tratar con la
   lepra y otras enfermedades, etc. En cada ejemplo se usan los
   términos "limpios" e "inmundos."

7. Dios nos desafía a lograr la santidad en cada área de nuestras
   vidas, tales como:

   a.   1 Co 3:16 – Nuestro estilo de vida en general.

   b.   1 Co 6:9-11, 18-20 – Nuestros poderes sexuales.

   c.   Lv 27:30; Mal 3:8-10 – Nuestro dinero.

8. El concepto de santidad se lleva a través de la Biblia. ¿Qué podemos aprender sobre este concepto en el Antiguo y el Nuevo Testamentos? (Ez 22:26; 44:16-23; 1 P 2:9)

Dios siempre lleva en alto la norma de la santidad. No lo hace para desanimarnos, sino para que dependamos de él. Su ideal perfecto para nosotros es para nuestro bien, para traernos la paz, integridad, y felicidad verdadera. ¡Considere usted cómo sería si él *no* esperara de nosotros una norma elevada!

9. ¿Qué teología medieval obscureció "el sacerdocio del creyente" y llegó a ser una cuestión en la Reforma Protestante?

Un sacerdocio institucionalizado, la misa, indulgencias para el pecado, la veneración de María como nuestra mediatriz, y confesión a un sacerdote. Nótese que hay iglesias con un "altar" en el centro de la plataforma, con el púlpito de lado. Con este arreglo ellos quieren indicar que Cristo sigue siendo sacrificado, vez tras vez.

10. ¿Qué pasó con el sacerdocio cuando Cristo murió? (Mt 27:51; He 8:1-6)

Cristo llegó a ser nuestro único Mediador, nuestro Sumo Sacerdote, en el santuario celestial.

11. ¿En qué sentido servimos nosotros como "sacerdotes" hoy? (Jn 21:15-17; 1 P 5:3-5)

Aunque estas palabras fueran dirigidas a los ancianos, en un sentido verdadero todos podemos ser "pastores ayudantes", al llamar a la gente a Cristo y practicar la oración de intercesión.

12. ¿Qué concepto posmoderno ha confundido la distinción entre lo santo y lo impuro?

El relativismo ha borrado las líneas. La idea de que "Yo estoy bien; tú estás bien" y que no hay respuestas correctas ni erradas destruye el ideal bíblico de la santidad personal y lleva a uno directamente a las garras de Satanás. El cristianismo verdadero por cierto es contracultural.

13. ¿Qué perspectiva va a ayudarnos a dedicar nuestras vidas completamente a Dios? (He 11:13; 1 P 2:11)

Acordarnos de que este mundo no es nuestro hogar.

14. Llegar a ser "santo" es claramente un concepto ajeno para el mundo en general. ¿Cómo nos aconseja el Señor a poner en perspectiva la vida y colocarlo a él en primer lugar, para que asociándonos con él podamos llegar a ser santos?

a. 1 Jn 2:15-17 – No debemos amar el mundo y tampoco sus maneras.

b. 2 P 3:10-13 – Nuestro enfoque debe ser en las cosas celestiales, no en las cosas que pronto serán quemadas.

¡Vamos a orar todos para que el Señor haga su maravillosa obra en nuestras vidas, y así prepararnos para su reino celestial! "La oración es el medio ordenado por el cielo para tener éxito en el conflicto con el pecado y desarrollar el carácter cristiano. Las influencias divinas que vienen en respuesta a la oración de fe, efectuarán en el alma del suplicante todo lo que pide. Podemos pedir perdón por el pecado, el Espíritu Santo, un temperamento semejante al de Cristo, sabiduría y poder para realizar su obra, o cualquier otro don que él ha prometido; y la promesa es: 'Se os dará'" (Elena G. de White, *Los Hechos de los Apóstoles*, p. 450).

Lección 11

Mediación Celestial

En el mundo de hoy especialmente, las personas se consideran independientes y autosuficientes. "Libertad" para muchos es interpretada para decir que moralmente no respondemos a nadie, que somos autónomos. Relacionado con eso y muy de cerca es la idea del relativismo—que lo que creo yo puede ser diferente que lo que cree usted, y ¡ambos tienen la razón! La "verdad" es buena para el matemático, el físico, el químico, etc., pero la verdad para el comportamiento no existe y es condicionada por nuestra cultura y educación. Los resultados tristes de estas filosofías se ven todos alrededor.

1. En la parábola de la oveja perdida, ¿estaba ella "libre"? (Lk. 15:3-7)

    No. Estaba fuera del rebaño y podía vagar a cualquier lado, pero iba hacia el desastre y no lo sabía.

2. ¿Cuál era la misión de Jesús durante su tiempo en la tierra? (Lk. 19:10)

    El vino para salvar a los perdidos. *Nosotros* somos las ovejas perdidas. Sin Jesús estamos desesperadamente confundidos y perdidos.

3. Jesús comenzó su mediación cuando estaba en el mundo. ¿Por quiénes intercedía? (Jn 17:6-21)

    Oró por sus discípulos, ¡y para nosotros!

4. ¿Cuál es la única manera de ser verdaderamente libre? (Jn 17:17; 14:6; 8:30-36)

Los judíos pensaban que eran libres, pero no lo eran. *¡No podemos confiar en nuestros sentimientos!* Necesitamos la Biblia y una relación con el Salvador para quedar en el sendero correcto. Parece que sea una contradicción, pero la libertad está por dentro, no por fuera.

5. ¿Qué nos enseña el santuario acerca de Jesús, nuestro Salvador y Mediador?

   a. He 9:12 – Jesús murió por nosotros; él fue el Cordero sacrificado.

   b. He 8:1, 2, 6 – Jesús vive por nosotros; él es nuestro Mediador.

   c. He 9:28 – Jesús volverá a la tierra para llevarnos al cielo. Note que él vuelve "para salvar a los que le esperan".

6. ¿Qué califica a Cristo para ser nuestro Mediador? (He 4:15, 16; 5:8, 9)

   El vivió una vida perfecta en este mundo infectado con el pecado, y sabe por experiencia personal qué significa ser humano y ser tentado. Así nos enseña a depender, como él mismo hacía, totalmente en Dios y a no caer en el pecado.

7. ¿Qué nos enseñan las siguientes escrituras acerca de la mediación de Cristo?

   a. 1 Ti 2:5, 6 – Hay un solo Mediador—Cristo.

   b. He 8:6; 9:15 – El es Mediador del nuevo pacto, un acuerdo de interrelación que Dios nos ofrece, por el cual podemos recibir la salvación.

   c. Jn 14:1-6 – Jesús es "el camino, la verdad, y la vida". Venimos a Dios a través de él. Es por eso que oramos en el nombre de Jesús. Véase también Hechos 2:38; 3:6; 16:18.

> Es importante notar que algunas corrientes teológicas indican otros "mediadores", como sacerdotes, María, etc. Estas ideas erróneas entraron durante la gran apostasía del cristianismo después de la era de los apóstoles.

8. Si Jesús es nuestro Mediador en el santuario celestial, ¿quién está aquí en la tierra para ayudarnos? (Jn 16:7)

   El Espíritu Santo, el Consolador que Jesús prometió enviar después de su resurrección y ascensión.

9. ¿Cuál es la obra del Espíritu Santo? (Jn 16:8-13)

   Es de convencernos del pecado, la justicia, y el juicio, y guiarnos a la verdad.

10. ¿Qué nos califica para gozar de la obra del Espíritu Santo? (Jn 14:15-17; He 10:14)

    La obediencia. Los desobedientes pueden oír la voz del Espíritu, llamándoles al arrepentimiento, pero solamente los obedientes gozan de una relación plena con él. Note por favor que ésta no es una obediencia legalista, sino una que emana del corazón, un proceso progresivo que nos lleva hacia la perfección.

11. ¿Cómo podemos encontrar esta verdad? (Jn 18:36-38)

    Podemos encontrar la verdad solamente a través de Jesús y su Palabra. Debemos rendir nuestros conceptos de "libertad", y encontrar en él la única libertad verdadera—una plena relación con Jesús y su Palabra.

12. ¿Cuál papel juega el Espíritu Santo cuando oramos? (Ro 8:26, 27)

    Aquí el Espíritu Santo es también llamado un intercesor.

13. ¿Cómo nos habilita el Espíritu Santo para servir a otros? (1 Co 12:1, 7-11)

Nos da dones espirituales.

14. ¿Cómo abren Cristo y el Espíritu Santo los portales del cielo ahora mismo? (Ef 3:12; He 4:16)

¡A través de la oración tenemos acceso al propio trono de Dios!

15. Todas las verdades que hemos estudiado hoy vienen del santuario. ¿Cómo expresaron los salmistas su gozo y aprecio por la casa de Dios? (Sal 77:13; 122:1)

Ellos tenían gran deleite en entrar en la casa de Dios.

16. ¿Qué aconteció en los días del rey Josías cuando las escrituras fueron redescubiertas? (2 R 22:8-13)

Hubo un gran reavivamiento y reforma.

17. Cuando consultaron con Hulda la profetiza, ¿qué dijo ella, especialmente al joven rey? (2 R 22:15-20)

El sincero arrepentimiento del rey fue aceptado, y las calamidades predichas fueron postergadas hasta después de sus días.

¡Que tengamos corazones humildes para recibir la Palabra de Dios y rendirle nuestras vidas a él!

El Arca de Seguridad

Comenzamos nuestra lección final con esta cita de *El Conflicto de los Siglos*: "El asunto del santuario fue la clave que aclaró el misterio del desengaño de 1844. *Reveló todo un sistema de verdades, que formaban un conjunto armonioso* y demostraban que la mano de Dios había dirigido el gran movimiento adventista, y al poner de manifiesto la situación y la obra de su pueblo le indicaba cuál era su deber de allí en adelante" (Elena G. de White, p. 476, el énfasis es nuestro).

Podríamos discutir la búsqueda del arca del pacto terrenal, pero eso solamente satisfaría una curiosidad para resolver el misterio de su ubicación. En esta lección final, vamos a concentrar nuestro tiempo en estudiar el arca celestial, la cual ha sido obscurecida por varios estratos de teología falsa a través de los siglos. Satanás ha tenido éxito en gran medida en dirigir el enfoque del hombre fuera de Cristo y hacia un "reino" visible en la tierra, para crear una dependencia en un sistema eclesiástico en lugar del ministerio de nuestro Sumo Sacerdote celestial.

1. ¿Qué sistema terrenal prevalecía durante la edad media, y qué medios usaba para llamar la atención a sí mismo y fuera de Cristo? (Dn 8:9; Ap 13:6)

   El cuerno pequeño prevaleció. Usurpó el poder de Cristo, nuestro Mediador en el cielo, por instituir un sistema falso de mediación en la tierra que opera una iglesia visible con sus sacerdotes y "santos" (véase Daniel 8:11, 12).

2. ¿Cuáles son las características significativas que nos ayudan a identificar este poder? (Dn 8:9-12; Ap 13:1-8)

Las características principales son los factores geográficos e históricos, auto-exaltación contra el Príncipe de los ejércitos, reemplazando los continuos sacrificios, echando para la tierra el lugar del santuario y la verdad.

3. ¿Cuándo sería desenmascarada este sistema falso? (Dn 8:13, 14; He 9:23)

En el reavivamiento de 1844.

"Este período profético terminó el 22 de octubre de 1844. La desilusión de los que esperaban encontrar a su Señor en ese día fue muy grande. Hiram Edson, un diligente estudioso de la Biblia que vivía en el Estado de Nueva York, describe lo que ocurrió con el grupo de creyentes del cual él formaba parte:

"Nuestras expectativas iban en aumento mientras esperábamos la llegada de nuestro Señor, hasta que el reloj marcó las doce a medianoche. El día había pasado, y nuestro chasco llegó a ser una certeza. Nuestras más caras esperanzas y expectativas fueron barridas, y nos sobrevino un deseo de llorar como nunca antes habíamos experimentado. La pérdida de todos los amigos terrenales no se hubiera comparado con lo que sentimos entonces. Lloramos y lloramos hasta que el día amaneció....

"Me decía a mí mismo: 'Mi experiencia adventista ha sido la más brillante de toda mi vida cristiana.... ¿Ha fallado la Biblia? ¿No hay Dios, ni cielo, ni ciudad de oro, ni paraíso? ¿Es todo nada más que una fábula astutamente inventada? ¿No hay realidad detrás de nuestras más caras esperanzas y expectativas?...'

"Comencé a sentir que podría haber luz y ayuda para nosotros en nuestro dolor. Dije a algunos de los hermanos: 'Vayamos al granero'. Entramos en éste, cerramos las puertas y nos arrodillamos delante del Señor. Oramos fervientemente porque sentíamos nuestra necesidad. Continuamos en ferviente oración hasta que recibimos del Espíritu la certeza de que nuestras oraciones habían sido aceptadas y de que se nos daría luz; la razón de nuestro chasco sería explicada en forma clara y satisfactoria.

"Después del desayuno dije a uno de mis hermanos: 'Vayamos a ver y animar a algunos de nuestros hermanos'. Salimos, y mientras pasábamos por un gran campo, fui detenido en medio de él. El cielo pareció abrirse ante mi vista, y vi definida y claramente que en vez de que nuestro Sumo Sacerdote saliese del lugar santísimo del santuario celestial para venir a esta tierra en el décimo día del mes séptimo, al fin de los 2.300 días, había entrado por primera vez, en ese día, en el segundo departamento de ese santuario, y que tenía una obra que realizar en el lugar santísimo antes de venir a la tierra; que había venido a las bodas o, en otras palabras, al Anciano de Días, para recibir el reino, el dominio y la gloria; y que debíamos esperar su retorno de las bodas. Entonces mi mente fue dirigida al capítulo 10 del Apocalipsis, donde pude ver que la visión había hablado y no había mentido" (Manuscrito inédito publicado parcialmente en *The Review and Herald*, 23 de junio de 1921. Citado en *Cristo en Su Santuario*, pp. 8, 9).

4. ¿Quién es el Mesías Príncipe? (Jos 5:13-15; Dn 9:25; 10:21; 12:1)
   Jesús es el Príncipe de los ejércitos celestiales, a quien Satanás odia, y cuyo ministerio éste trató de obscurecer.

5. ¿En qué maneras específicas reemplazó la teología del cuerno pequeño el ministerio de Jesús?

   a. Un sacerdocio falso (Ap 1:6: 1 P 2:9) – Nosotros somos los sacerdotes, y Jesús es el Sumo Sacerdote. Podemos interceder para otros a través de la oración. El sacerdocio terrenal fue abolido para siempre cuando el velo del templo fue rasgado en dos partes.

   b. Un sistema falso de mediación (He 8:1-6) – *No debemos* orar a personas muertas como María, San Judas, etc., y tampoco confesar nuestros pecados a un sacerdote.

c. Un sistema religioso falso con sus rasgos místicos como incienso, estatuas e imágenes, altares, agua santa, reliquias, y otras cosas no bíblicas. – La misa es una desafortunada distorsión de la santa comunión. El bautismo de infantes no es bíblico. Estas y varias otras tradiciones todavía persisten en iglesias católicas, ortodoxas, y evangélicas. En resumen, no debemos considerar nuestra iglesia como nuestro salvador.

Hebreos 9:24 revela que el santuario terrenal y su contenido fueron solamente "copias del verdadero". Por tanto, ¡la verdadera "arca perdida" fue redescubierta en 1844, en un campo de maíz, por un laico dedicado! Esta arca, el arca celestial, y el ministerio celestial de Jesús, vino a la luz y resultó en un nuevo movimiento cristiano ahora conocido como la Iglesia Adventista del Séptimo Día. ¿Cuáles son los "secretos y misterios" de esta "arca perdida"? Solamente son secretos y misterios porque la mayoría de personas nunca estudian el santuario, y así el arca se perdió.

Note: La Iglesia Adventista del Séptimo Día tiene muchas de sus enseñanzas en común con otras denominaciones, pero ¡es la *única* que enseña el mensaje del santuario!

6. Entonces en resumen, y de acuerdo con lo que hemos descubierto a través de esta serie de lecciones, ¿cuáles son algunas de las más importantes enseñanzas bíblicas dadas en el mensaje del santuario—"las joyas de la verdad" que debemos poner en "el marco del evangelio" (Elena G. de White, *Obreros Evangélicos*, p. 306)?

a. He 9:11, 12 – La salvación a través de la sangre de Cristo, y su mediación.

b. Is 14:12-14 – El tema de "el gran conflicto" y el carácter de Dios.

c. 1 Ts 4:16-18 – La segunda venida de Cristo y el estado de los muertos.

d.   Dn 8:14; Ap 14:6, 7 – Las profecías de los últimos días, incluyendo el mensaje de la hora del juicio.

e.   Jn 14:15, 16; Ro 6:23 – El pacto de amor de Dios, expresado en los diez mandamientos (la ley), pero equilibrado por el propiciatorio (la gracia) y el sábado del séptimo día.

"En él vi un arca, cuya cubierta y lados estaban recubiertos de oro purísimo. En cada extremo del arca había un hermoso querubín con las alas extendidas sobre el arca. Sus rostros estaban frente a frente uno de otro, pero miraban hacia abajo. Entre los dos ángeles había un incensario de oro, y sobre el arca, donde estaban los ángeles, una gloria en extremo esplendorosa que semejaba un trono en que moraba Dios. Junto al arca estaba Jesús, y cuando las oraciones de los santos llegaban a él, humeaba el incienso del incensario, y Jesús ofrecía a su Padre aquellas oraciones con el humo del incienso. Dentro del arca estaba el vaso de oro con el maná, la florida vara de Aarón y las tablas de piedra, que se plegaban la una sobre la otra como las hojas de un libro. Las abrió Jesús, y vi en ellas los diez mandamientos escritos por el dedo de Dios. En una tabla había cuatro, y en la otra seis. Los cuatro de la primera brillaban más que los otros seis. Pero el cuarto, el mandamiento del sábado, brillaba más que todos, porque el sábado fue puesto aparte para que se lo guardase en honor del santo nombre de Dios. El santo sábado resplandecía, rodeado de un nimbo de gloria. Vi que el mandamiento del sábado no estaba clavado en la cruz, pues de haberlo estado, también lo hubieran estado los otros nueve, y tendríamos libertad para violarlos todos, así como el cuarto. Vi que, por ser Dios inmutable, no había cambiado el día de descanso" (Elena G. de White, *Primeros Escritos*, pp. 32, 33).

---

7.   Dado que hubo tanta distorsión a través de los siglos, ¿es "iglesia" realmente una necesidad en la vida del creyente? ¿Está

Dios de alguna manera en la iglesia? (Mt 16:16-19; 1 P 2:6-10; He 12:22, 23)

¡Sí! La iglesia fue establecida por Jesús mismo, y él escogió doce discípulos como sus primeros miembros, representando las doce tribus de Israel, así conectando el Antiguo Testamento con el Nuevo. La iglesia es el nuevo "Israel". La existencia de religiones falsas no debe desanimarnos de ser parte de la iglesia de Dios.

8. ¿Qué indicación tenemos que nos informa que Jesús ama a la iglesia? (Ef 5:25-17; Ap 1:12-20)

El murió por todas las personas que componen el cuerpo de Cristo, y nos vigila aun hoy.

9. ¿Cómo fue organizada la iglesia primitiva, la cual nos sirve como modelo hoy? (Hch 6:1-7; 14:23; 15:1-3)

De acuerdo con las necesidades, los líderes de la iglesia (ancianos y diáconos) fueron designados para servir a los otros. Si había una cuestión teológica, los concilios fueron llamados y los delegados fueron designados para enfrentar los temas y llegar a una conclusión bíblica.

10. ¿Cómo fueron los miembros añadidos a la iglesia? (Hch 2:41-47)

La iglesia creció a través del bautismo de nuevos miembros.

11. Solamente ocho personas fueron salvadas en el arca de Noé. ¿Qué dice Pedro sobre el antitipo o cumplimiento que ahora nos salva? (1 P 3:18-22)

De acuerdo con Pedro, el antitipo es el bautismo. Hoy cuando alguien es bautizado, también pasa a ser miembro de la iglesia.

Entonces el "arca de la seguridad" es la iglesia, ¡la quinta arca en la Biblia!

Nuestros primeros creyentes frecuentemente usaban el término "arca de seguridad" para referirse a la iglesia. ¡Esta, entonces, es la quinta arca en la Biblia! En el día de Noé, las personas que le escuchaban tenían una opción—o subir en el arca o quedar fuera. No es diferente hoy. Todas las cuatro arcas identificadas en la lección 1 eran o son "arcas de seguridad". La siguiente cita nos provee discernimiento del arca de seguridad y de nuestro papel en compartir este mensaje para otros.

"Hay obra que hacer por nuestros vecinos y por aquellos con quienes nos asociamos. No estamos libres para cesar nuestras labores pacientes y dedicadas en favor de las almas, mientras quedan algunas fuera del arca de la salvación. No hay tregua en esta guerra. Somos soldados de Cristo y estamos bajo la obligación de velar, no sea que el enemigo nos gane la delantera y capte para servicio suyo almas que pudiéramos haber ganado para Cristo" (Elena G. de White, *Testimonios para la Iglesia,* tomo 5, p. 259).

Bibliographía

White, Elena G. de. *Primero Escritos*. Ellen G. White Estate, Inc., 2012
(www.egwwritings.org)

———. *Testimonios para la Iglesia 5*. Ellen G. White Estate, Inc., 2012.

———. *El Conflicto de los Siglos*. Ellen G. White Estate, Inc., 2012.

———. *Los Hechos de los Apóstoles*. Ellen G. White Estate, Inc., 2012.

———. *Historia de los Patriarcas y Profetas*. Ellen G. White Estate, Inc.,
2012.

———. *El Deseado de Todas las Gentes*. Ellen G. White Estate, Inc., 2012.

———. *Profetas y Reyes*. Ellen G. White Estate, Inc., 2012.

———. *Obreros Evangélicos*. Ellen G. White Estate, Inc., 2012.

The Holy Bible, Douay/Confraternity Version. New York: P. J. Kenedy &
Sons, 1961.

Le invitamos a ver la selección
completa de títulos que publicamos en:

www.TEACHServices.com

Escanear con su dispositivo móvil para ir
directamente a nuestro sitio web.

Favor de escribirnos por carta o email, con sus elogios, reacciones,
o pensamientos sobre este libro o cualquier otro libro que publicamos en:

TEACH Services, Inc.
P U B L I S H I N G
www.TEACHServices.com • (800) 367-1844

P.O. Box 954
Ringgold, GA 30736

info@TEACHServices.com

Se puede comprar los títulos de TEACHServices, Inc., al por mayor para
uso en educación, negocios, recaudación de fondos, o promoción de ventas.
Para información, favor de escribirnos por email:

BulkSales@TEACHServices.com

Finalmente, si Ud. quisiera ver su propio libro impreso,
por favor contáctenos en:

publishing@TEACHServices.com

Estaríamos encantados de revisar su manuscrito gratis.

CPSIA information can be obtained at www.ICGtesting.com
Printed in the USA
LVOW01s0721011015

456377LV00001B/1/P